Francis Duranthon

Mineralien und Fossilien

Aus dem Französischen von
Cornelia Panzacchi

Inhalt

Mineralien 9

Azurit

Lapislazuli

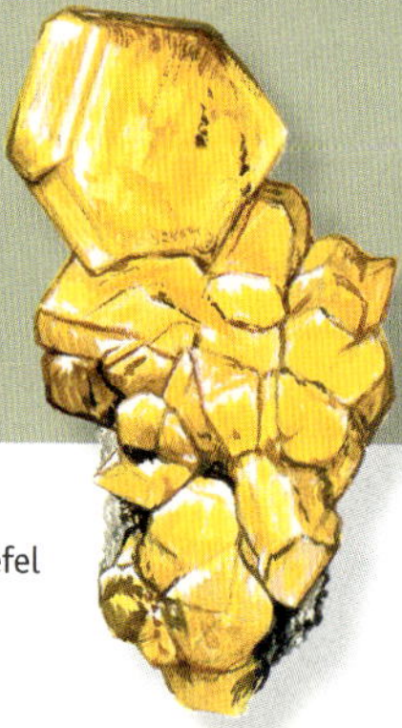

Schwefel

Schiefer

Augengneis

Pecopteris
arborescens

Register 62

Gebrauchsanweisung für dieses Buch

Wer wollte nicht schon immer mal Mineralien, Steine oder Fossilien sammeln? Auf einer solchen Expedition sind Hammer und Meißel unentbehrlich. Außerdem braucht man einen Pinsel, Handschuhe und eine Schutzbrille, kleine Beutel für die gesammelten Gesteinsproben, eine Lupe, einen Stift und einen Notizblock.

Dieser Naturführer ist in drei Teile gegliedert. Im ersten werden – nach Farben geordnet – Mineralien vorgestellt, im zweiten – nach Typen geordnet – Gesteine. Im dritten Teil geht es um Fossilien. Sie sind nach ihrer wissenschaftlichen Klassifizierung geordnet.

Wissenschaftliche Namen

Ebenso wie alle Lebewesen besitzen auch Fossilien wissenschaftliche Namen. Dieser Name setzt sich aus zwei Wörtern zusammen: Das erste Wort bezeichnet die Gattung, das zweite die Art. Dadurch werden Verwechslungen vermieden. Ein Beispiel: Wissenschaftlich heißt die Katze *Felis catus*. Sie gehört einer anderen Art an als der Löwe: *Felis leo*.

Der »Personalausweis«

Er gibt bei jedem Mineral dessen Härte, Dichte, Glanz und Kristallform (siehe S. 5) an und bei jedem Gestein die Entstehungsart (siehe S. 6) und die Farben, in denen es vorkommt.

Auf S. 6 findest du eine geologische Karte von Deutschland, der Schweiz und Österreich sowie eine Tafel der verschiedenen Zeitalter und Perioden der Erdgeschichte.

Die Fachleute

Geologen studieren die Entstehung und Geschichte der Gesteine, aus denen die Erde besteht. Paläontologen befassen sich mit Fossilien, Mineralogen mit Kristallen. Petrografen sind Experten für die Beschaffenheit von Gesteinen.

Auf jeder Seite findest du ...

den Namen des vorgestellten Minerals, Gesteins oder Fossils

bei Mineralien und Gesteinen einen »Personalausweis«

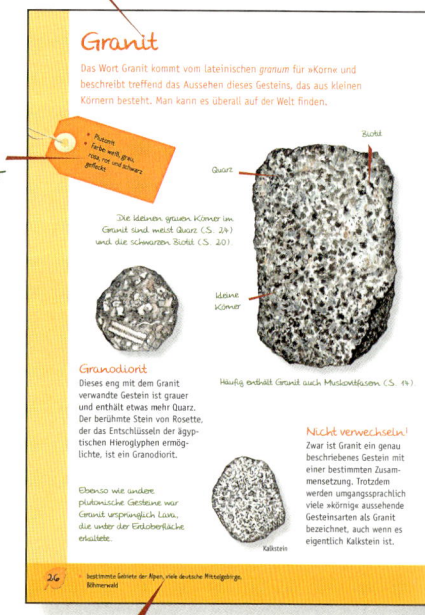

Granit

Das Wort Granit kommt vom lateinischen *granum* für »Korn« und beschreibt treffend das Aussehen dieses Gesteins, das aus kleinen Körnern besteht. Man kann es überall auf der Welt finden.

Biotit

Quarz

Die kleinen grauen Körner im Granit sind meist Quarz (S. 24) und die schwarzen Biotit (S. 20).

Kleine Körner

Granodiorit

Dieses eng mit dem Granit verwandte Gestein ist grauer und enthält etwas mehr Quarz. Der das Entschlüsseln der ägyptischen Hieroglyphen ermöglichte, ist ein Granodiorit.

Häufig enthält Granit auch Muskovitfasern (S. 14).

Ebenso wie andere plutonische Gesteine war Granit ursprünglich Lava, die unter der Erdoberfläche erkaltete.

Nicht verwechseln! Zwar ist Granit ein genau beschriebenes Gestein mit einer bestimmten Zusammensetzung. Trotzdem werden umgangssprachlich viele körnige aussehende Gesteinsarten als Granit bezeichnet, auch wenn es eigentlich Kalkstein ist,

Kalkstein

26 bestimmte Gebiete der Alpen, viele deutsche Mittelgebirge, Böhmerwald

mögliche Fundorte

Was ist ein Mineral?

Gold, Quarz, Schwefel ... Ein Mineral ist ein festes natürliches Gebilde, das durch komplizierte physikalische und chemische Vorgänge entstand. Wir kennen heute ungefähr 7000 Mineralien.

Formen von Kristallen

Mineralien treten häufig in Form von Kristallen auf. Diese besitzen Facetten, Kanten und Spitzen. Auch wenn sie sehr unterschiedlich aussehen, können sie doch alle einem von sieben Kristallsystemen zugeordnet werden.

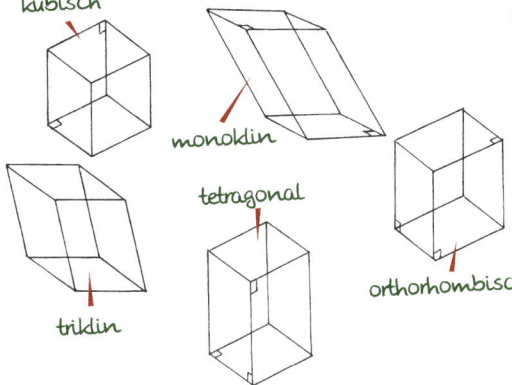

kubisch

monoklin

tetragonal

triklin

orthorhombisch

hexagonal

rhomboedrisch

Die Dichte

Ein mit Wasser gefüllter Würfel mit der Seitenlänge 10 cm wiegt 1 kg. Ein Fluorwürfel mit der Seitenlänge 10 cm wiegt ungefähr 3 kg und ist damit dreimal schwerer als Wasser mit demselben Volumen. Seine Dichte beträgt also 3. Die Dichte steht für das Verhältnis zwischen der Masse eines Minerals und demselben Volumen an Wasser.

Glanz

Der Begriff »Glanz« beschreibt die Art und Weise, wie ein Mineral das Licht reflektiert. Verwendet werden dazu die Begriffe Glasglanz (wie Fensterglas), Metallglanz (wie poliertes Metall), Seidenglanz (matt), Pechglanz (ölig glänzend), Fettglanz (wie Fettflecken auf Papier), Diamantglanz (strahlend) und Perlmuttglanz (schillernd).

Härteskala

Die Härteskala geht von 1 bis 10. Jedem Punkt auf der Skala entspricht ein bestimmtes Mineral, das Prüfmineral: 1. Talk, 2. Gips, 3. Kalkspat, 4. Fluorit, 5. Apatit, 6. Feldspat, 7. Quarz, 8. Topas, 9. Korund, 10. Diamant. Mineralien mit Härte 1 und 2 kannst du mit dem Fingernagel einritzen, während Mineralien von 6 aufwärts Glas schneiden.

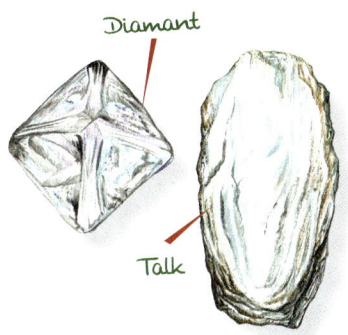

Diamant

Talk

Was ist ein Gestein?

Ein Gestein ist eine natürliche Ansammlung verschiedener Mineralien. Wenn es nutzbare Bestandteile wie z. B. Metalle enthält, bezeichnet man es als Erz. Die ältesten Gesteinsarten unseres Planeten sind ungefähr 4 Milliarden Jahre alt!

Die Gesteinstypen

❶ Plutonit oder Tiefengestein entstand durch Lava, die unter der Erdoberfläche erkaltete.

Granit (Plutonit)

❷ Metamorphit oder metamorphes Gestein entstand, als sich eine Gesteinsart durch Wärme veränderte – durch den Kontakt mit Lava oder weil sie in große Tiefe versank.

Marmor (metamorphes Gestein)

Bims (Vulkangestein)

❸ Wenn Lava bei Kontakt mit Luft oder Wasser erkaltet, wird sie zu vulkanischem Gestein.

Sandstein (Sedimentgestein)

❹ Sedimentgestein bildete sich an der Erdoberfläche oder unter dem Meer. Häufig ist es das Ergebnis von Verwitterung und Erosion älterer Gesteinsarten.

Zeitalter	Perioden
Quartär (begann vor 1,8 Mio. Jahren)	Holozän Pleistozän
Tertiär (vor 64 bis 1,8 Mio. Jahren)	Pliozän Miozän Oligozän Eozän Paläozän
Mesozoikum oder Erdmittelalter (vor 245 bis 65 Mio. Jahren)	Kreide Jura Trias
Paläozoikum oder Erdaltertum (vor 540 bis 245 Mio. Jahren)	Perm Karbon Devon Silur Ordovizium Präkambrium Kambrium

Känozoikum (vertikale Beschriftung bei Quartär und Tertiär)

Geologische Karte

Geologische Karten sind bei der Beschäftigung mit Gestein und Mineralien eine wichtige Hilfe. Sie zeigen Typ und Alter der Böden von Regionen an. Dabei beziehen sie sich auf die Erdgeschichte und ordnen die Böden den Zeitaltern und Perioden ihrer Entstehung zu.

- Pleistozän
- Tertiär
- Kreide
- Jura
- Trias
- Karbon
- Devon
- Känozoische Vulkanite

Was ist ein Fossil?

Ein Fossil ist ein Überrest eines Lebewesens, also einer Pflanze oder eines Tiers, das in Gestein eingeschlossen wurde. Meist versteinern die härtesten Teile, wie Zähne, Knochen, Schalen oder Panzer. Aber man findet auch versteinerte Haut, Pollen, Kot oder Fußabdrücke.

Insekt in Bernstein

Die Entstehung eines Fossils

Damit aus einem Lebewesen ein Fossil wird, muss es schnell von Sediment bedeckt werden (z. B. von Schlamm).

❶ Das Tier stirbt und sinkt auf den Boden eines Gewässers.

Außergewöhnliche Funde

In sehr seltenen Fällen findet man vollständige Tiere: in Eis konservierte Mammuts oder Insekten in Bernstein.

Schon gewusst?

Im Amboseli-National-park in Kenia stellte man fest, dass vom Skelett eines nicht begrabenen Elefanten nach fünf Jahren nichts mehr übrig ist. Kein Wunder, dass Fossilien so selten sind!

❷ Es wird von Sand und Schlamm bedeckt, während sich das Fleisch zersetzt. Es bleibt nur noch das Skelett übrig (oder die Schale oder der Panzer). Das umgebende Sediment wird immer härter und schließlich zu Stein. Das Skelett versteinert ebenfalls.

❸ Millionen von Jahren später fließt das Wasser ab, das Gestein erodiert und das Fossil kommt zum Vorschein.

Suchtipps

Fossilien findet man am ehesten in Sediment-gestein (Kalkstein, Sand-stein, Ton ...), das früher Teil eines Meeresbodens war. Schau dir auch metamorphes Gestein (Schiefer) genauer an. Im Kapitel über Fossilien wird das Alter der Böden angegeben (siehe auch S. 6), in denen du sie am ehesten findest.

Die ältesten Fossilien der Welt

Mit bloßem Auge kann man sie nicht sehen: Es sind Bakterien, die an ungefähr 3,5 Milli-arden Jahre altem Gestein gefunden wurden.

Das Sammler-Abc

Du möchtest eine eigene Sammlung von Mineralien, Steinen oder Fossilien anlegen? Hier ein paar wichtige Tipps!

Schwefel

Notiere dir die Fundorte

Trage die Orte, an denen du deine Schätze gefunden hast, sowie das jeweilige Datum in ein Heft ein und schreibe sie auch mit Tusche auf die Probe. Wenn die Tusche trocken ist, streichst du etwas Klarlack darüber. Lege die Fundprobe sodann in eine Schachtel, die ebenfalls mit den wichtigsten Angaben versehen wird.

Eine gut gepflegte Sammlung

Reinige deine Proben behutsam und lasse sie an einem luftigen, schattigen Ort trocknen. Fossilien müssen mitunter mit Kleber stabilisiert werden. Lass dir dabei von einem Erwachsenen helfen. Als Aufbewahrungsort eignen sich eine Vitrine, eine Kommode mit vielen Schubladen oder kleine, mit Watte ausgepolsterte Schachteln.

Pflanzenfossil

Annularia
sphenophylloides

Einige Verhaltensregeln und Sicherheitsmaßnahmen

- Sammle nur dort, wo es erlaubt ist.
- Du darfst beim Sammeln keine Pflanzungen und Felder beschädigen und keine Pflanzen zertrampeln.
- Nimm jeweils nur eine kleine Anzahl von Proben mit.
- Breche niemals Stücke aus einer Mauer.
- Lasse keinen Müll zurück.
- Ziehe nie alleine los und informiere immer einen Erwachsenen, wohin du gehst.
- Trage beim Sammeln an Felswänden und Bergwerken einen Schutzhelm.

- Betrete Höhlen, Stollen und Tunnel immer nur in Begleitung eines Ortskundigen.
- Setze eine Schutzbrille auf, bevor du mit Hammer und Meißel hantierst.
- Grabe niemals in Sand oder am Fuße einer Felswand tiefe Löcher.
- Am Strand kommt die Flut mitunter recht schnell und aus kleinen Bergbächen können im Handumdrehen reißende Flüsse werden. Sei an solchen Orten besonders vorsichtig!

Mineralien

- Gips
- Kalkspat
- Steinsalz
- Talk
- Muskovit
- Fluorit
- Gold
- Bernstein
- Galenit
- Goethit
- Biotit
- Turmalin
- Azurit
- Granat
- Quarz

Gips

Dieses sehr weiche, weiße bis graue und mitunter sogar rosafarbene Mineral kann man mit dem Finger einritzen. Es wird viel verwendet, u. a. als Verputz.

Schon gewusst?

Gips kann in vielen Formen vorkommen: als Kristall, als feinfaseriger Fasergips oder als fester Alabaster. Manchmal sind feine Gipsplättchen wie Rosetten angeordnet. Man nennt ein solches Gebilde Gipsrose oder Wüstenrose.

* Härte: 2
* Dichte: 2,3
* Glanz: Glasglanz
* Kristallsystem: monoklin

Die Schwalbenschwanzform ist typisch für Gips.

Ebenso wie Glimmer (S. 14 und 20) wird auch Gips von übereinanderliegenden Schichten gebildet.

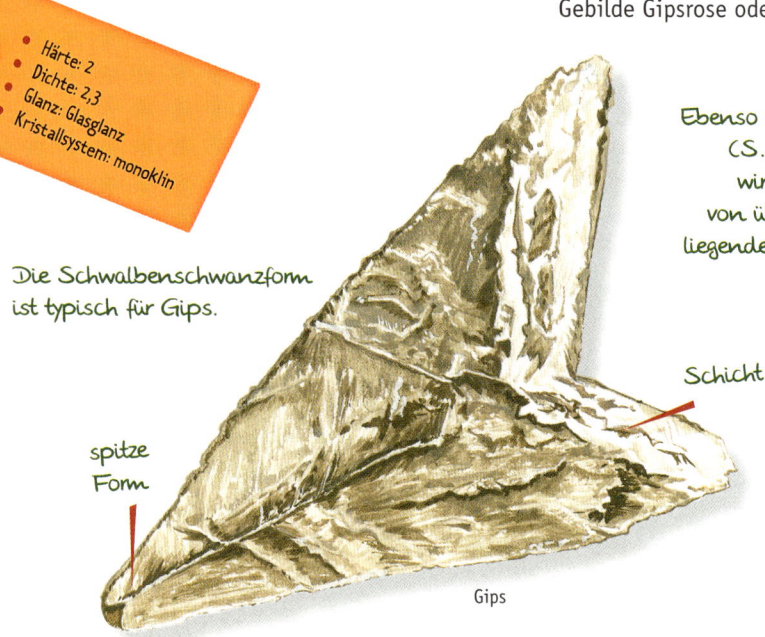

Schicht

spitze Form

Gips

Blüten aus Stein

Die Wüstenrosen, die es in der Sahara gibt, bestehen aus Gips, der rasch kristallisierte und dabei Sandkörner mit einschloss.

Wüstenrose

Alabaster

Alabaster ist eine leicht körnige Varietät von Gips. Die alten Ägypter verwendeten es oft für Gefäße und Skulpturen.

Kalkspat

Ob man es mit diesem weitverbreiteten Mineral zu tun hat, kann man testen, indem man es mit Essig beträufelt: Der Essig schäumt auf und es bilden sich kleine Blasen. Kalkspat ist farblos oder weiß, aber manchmal auch leicht eingefärbt.

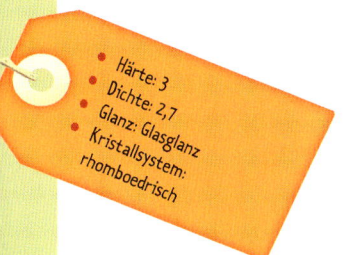

- Härte: 3
- Dichte: 2,7
- Glanz: Glasglanz
- Kristallsystem: rhomboedrisch

Vom Kalkspat zum Mikroskop

Wenn man sich eine Buchseite durch Kalkspatkristalle anschaut, sieht man die Buchstaben doppelt. Diese Eigenschaft ermöglichte die Konstruktion von Spezialmikroskopen für Mineralogen.

Kalkspat-
kristalle sind
rhomboedrisch,
mit rauten-
förmigen Seiten.

Rhomboeder

Nach Quarz (S. 24) ist Kalkspat das auf der Erde am häufigsten vorkommende Mineral. Selbst Austernschalen sind aus Kalkspat.

Nicht verwechseln!

Ein Diamant ist ein wesentlich härteres Mineral als Kalkspat. Er schneidet Glas und Stahl und seine Kristalle haben gewöhnlich acht Seiten (Oktaeder). Diamanten sind selten und kostbar und kommen bei uns nicht vor.

Diamant

Steinsalz

Dieses Mineral ist leicht an seinem salzigen Geschmack zu erkennen und löst sich in Wasser rasch auf. Für uns Menschen ist es sehr wichtig. Um nicht auszutrocknen, müssen wir täglich 2 g Salz zu uns nehmen.

Salzkristall in Trichterform

Die kubischen Salzkristalle können eine konkave (ausgehöhlte) Oberfläche haben: eine Trichterform.

- Härte: 2,5
- Dichte: 2,1–2,6
- Glanz: Fettglanz
- Kristallsystem: kubisch

Man bezeichnet Steinsalz auch als Halit.

Die farblosen oder weißen Kristalle können auch Spuren von Gelb, Rot oder seltener auch Blau aufweisen.

Würfel

Salzkristalle haben imme die Form miteinande verwachsener Würfel

Schon gewusst?

Mit dem in allen Meeren unseres Planeten gelösten Salz könnte man Deutschland mit einer 66,5 km hohen Salzschicht bedecken!

So stellst du ein Mineral her

Schütte in 1 l sehr heißes Wasser drei bis vier Gläser voller Salz. Setze dann einen Stein in das Gefäß mit dem Salzwasser (aber verbrenne dich dabei nicht!). Im Laufe einiger Tage verdunstet das Wasser und der Stein wird mit Salzkristallen bedeckt sein. Damit sie sich an der Luft nicht auflösen, kannst du sie mit Haarspray besprühen.

Salzbergwerke im östlichen Oberbayern, im Salzkammergut, bei Heilbronn und im Harz

Talk

Talk, auch Steatit genannt, ist das weichste aller Mineralien. Man kann es ganz leicht mit dem Fingernagel einritzen. Nachdem man es angefasst hat, fühlen sich die Hände weich an. Es stößt Wasser ab und nimmt Fett auf.

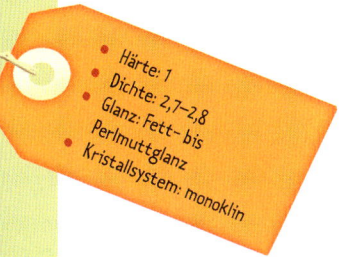

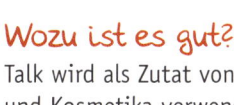

- Härte: 1
- Dichte: 2,7–2,8
- Glanz: Fett- bis Perlmuttglanz
- Kristallsystem: monoklin

Schon gewusst?

Talk, besser als Speckstein bekannt, eignet sich als Material für Kunstwerke. Berühmt sind die Specksteinskulpturen der Inuit (»Eskimos«).

grüner Talk

Wozu ist es gut?

Talk wird als Zutat von Medikamenten und Kosmetika verwendet, aber auch in der Herstellung von Papier, Autoreifen, Farben und Keramik. Als feines, auf die Oberfläche gestäubtes Pulver verhindert es, dass Kaugummistreifen aneinander festkleben. Untersuchungen von Höhlenmalereien in Frankreich ergaben, dass die verwendeten Farben Talk enthielten.

Talkblättchen

Talk ist meist weiß, kann aber auch grün, grau, gelb oder braun verfärbt sein. Er wird von biegsamen Blättchen oder Schuppen gebildet, die sich leicht voneinander lösen.

- eingeschlossen in metamorphen Gesteinen fast auf der ganzen Welt, darunter auch in Oberfranken und Österreich

Muskovit

Dieses sehr verbreitete Mineral gehört zur großen Gruppe der Glimmer. Es ist leicht an der blättrigen Struktur erkennbar und man kann es mit dem Fingernagel einritzen. Muskovit ist einer der Bestandteile von Granit und meist weiß, gelegentlich aber auch farblos, hellgelb, bernsteinfarben, leuchtend rosa oder grün.

Komischer Name

Der Name dieses Minerals ist von dem der Stadt Moskau abgeleitet. Die großen Muskovitscheiben, die man in Russland fand, wurden früher als Fensterscheiben verwendet.

- Härte: 2–2,5
- Dichte: 2,8–3
- Glanz: Glas- bis Perlmuttglanz
- Kristallsystem: monoklin

Paragonit

Paragonit ist ebenfalls ein weißer Glimmer, aber erheblich seltener.

Blättchen

Die Kristalle entstehen durch Anhäufung von Blättchen. Muskovit erinnert ein bisschen an Blätterteig.

sechseckige Kristalle

Schnee aus der Dose

Der künstliche Schnee, mit dem man Weihnachtsbäume schmücken kann, enthält zermahlenen Muskovit.

Muskovitkristalle sind oft sechseckig.

eingewachsen in Granit, Schiefer und Sandstein, mitunter auch in Flüssen und Bächen

Fluorit

Fluorit ist härter als Kalkspat, aber weicher als Quarz, mit dem man Fluorit einritzen kann. Es kommt in den Farben Lila, Grün, Blau und Gelb vor. Die alten Griechen verwendeten es als Schmuckstein und machten daraus auch Gefäße.

Zähne und Fluor

Fluor ist ein aus Fluorit gewonnenes chemisches Element, das auch Bestandteil des Zahnschmelzes ist und das Auftreten von Karies verhindert. Aus diesem Grund ist es in einigen Zahnpastasorten enthalten.

- Härte: 4
- Dichte: 3–3,3
- Glanz: Fettglanz
- Kristallsystem: kubisch

Fluorit wird in der chemischen Industrie bei der Herstellung von Säuren verwendet.

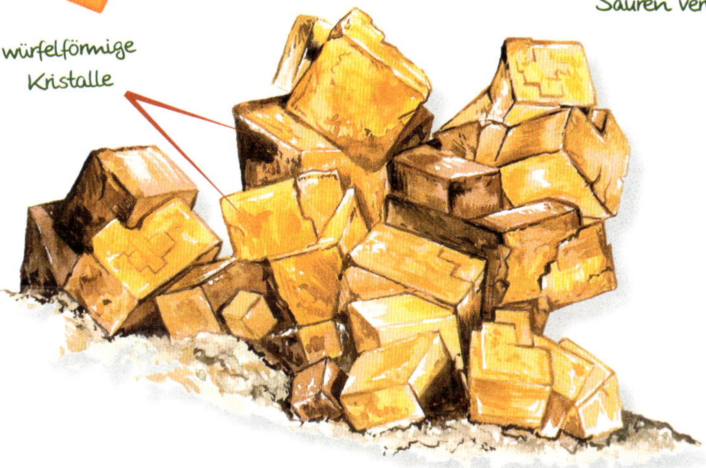
würfelförmige Kristalle

Nicht verwechseln!

Schwefel ähnelt farblich zwar gelbem Fluorit, ist aber wesentlich weicher (du kannst es mit dem Fingernagel ritzen) und seine Kristalle bilden meist Doppelpyramiden. Außerdem riecht es bei Erwärmung stark. Schwefel findest du in vulkanischen Regionen oder in der Umgebung von Schwefelquellen.

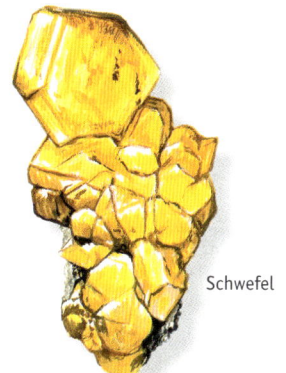

Schwefel

Fluorit ist auch für die Produktion von Glas und Keramik wichtig.

- in Granitgestein, Spalten in Kalkstein oder Kohle

Gold

Seit Jahrtausenden wissen die Menschen Gold zu schätzen. Es rostet nicht und ist äußerst formbar. Wenn man 1 g Gold erwärmt und auseinanderzieht, erhält man einen 3 km langen, dünnen Faden.

Goldrekord

Der bisher größte Goldklumpen wurde in Australien entdeckt und wog 78 kg!

- Härte: 2,5–3
- Dichte: 19,9
- Glanz: Metallglanz
- Kristallsystem: kubisch

achtseitiges Nugget (Oktaeder)

gelbe Farbe

Die Kristalle können die Form von Oktaedern haben oder aus flachen Ansammlungen von Blättchen oder Schuppen bestehen.

Pyrit

Nicht verwechseln!

Pyrit wird auch Katzengold genannt. Ein Test hilft bei der Unterscheidung: Wenn man unglasiertes Porzellan mit Pyrit ritzt hinterlässt es grünschwarze Spuren, Gold gelbe. Pyrit ist auch härter (6–6,5) und weniger dicht (3).

Gold waschen

Man füllt eine flache Goldwaschpfanne mit Kies und Sand und Wasser aus einem Fluss. Dann wird die Pfanne mit kreisenden Bewegungen geschüttelt und dabei etwas schief gehalten, um leichte Teilchen zu entfernen. Man wiederholt den Vorgang mehrmals, bis auf dem Pfannenboden die schweren Mineralien zurückbleiben – und vielleicht auch etwas Gold.

im Schwemmland der Flüsse oder in Quarzadern bei Granitblöcken

Bernstein

Bernstein ist das versteinerte Harz von Nadel-
bäumen. Die Farbskala reicht von Gelb bis
Dunkelbraun, aber immer erinnert es an Honig.

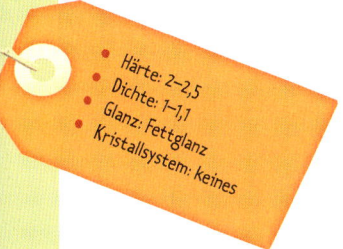

Härte: 2–2,5
Dichte: 1–1,1
Glanz: Fettglanz
Kristallsystem: keines

Bei genauerer Betrachtung
sieht man gelegentlich
innere Risse.

Bernsteinklumpen
können rund,
länglich oder
scheibenförmig sein.

Riss

Insekt

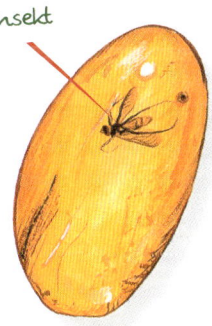

Häufig sind in Bernstein
Insekten eingeschlossen.
Sie blieben am Harz kleben,
bevor es versteinerte. Man
fand sogar schon in
Bernstein eingeschlossene
Frösche!

Verwendung

In der Industrie dient Bernstein als
Isolator. Außerdem stellt man daraus
Ziergegenstände oder Schmuck her.
Bernsteinschmuck war bereits in
vorgeschichtlicher Zeit beliebt. Bis heute
soll eine Bernsteinkette Babys warm
halten oder ihre Schmerzen beim Zahnen
lindern.

in Tonablagerungen in Küstennähe oder Flüssen,
besonders an der Ostsee, aber auch an der Nordsee

Galenit

Galenit oder Bleiglanz ist schwer und metall-grau. Weil es elektrischen Strom leitet, wurde es bei der Herstellung der ersten Radiogeräte verwendet. Es enthält viel Blei und wird bereits seit Jahrtausenden abgebaut.

Altertümlicher Kajal

Die alten Ägypter schminkten sich die Augen mit einer schwarzen Farbe, die sie aus zerstoßenem Galenit, Schwefel (S. 15) und Tierfett herstellten.

- Härte: 2,5–2,7
- Dichte: 7,4–7,6
- Glanz: Metallglanz
- Kristallsystem: kubisch

Galenit enthält oft Silber in Form von Verunreinigungen.

würfelförmige Kristalle

graue Farbe

Vorsicht! Dieses Mineral ist giftig. Nachdem du es berührt hast, musst du dir die Hände gründlich waschen.

Grafit

In deinen Stiften

Ebenso wie Galenit ist auch Grafit von metallgrauer Farbe. Grafit besitzt eine weitaus geringere Dichte. Die Minen unserer Bleistifte sind aus Grafit, das übrigens kein Blei enthält, sondern aus Kohlenstoff besteht.

- in Sedimentgestein oder in mit Magnesium angereichertem Kalkstein

Goethit

Goethit ist ein wichtiges Eisenerz. Benannt wurde es nach dem deutschen Dichter Johann Wolfgang von Goethe, der sich sehr für Mineralogie interessierte und Mineralien sammelte.

Die Maler von Lascaux

Goethit wurde schon in vorgeschichtlicher Zeit genutzt – u. a. von den Menschen, die vor 17 000 Jahren die Wände der Höhlen von Lascaux bemalten.

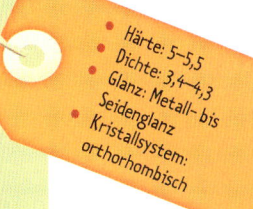

Härte: 5–5,5
Dichte: 3,4–4,3
Glanz: Metall- bis Seidenglanz
Kristallsystem: orthorhombisch

Reibt man Goethit gegen nicht glasiertes Porzellan, hinterlässt es gelbbraune Spuren.

traubige Form

Limonit

Limonit ist natürlicher Rost - wie der Rost auf Eisen, das lange der Witterung ausgesetzt war. Häufig tritt es in der Nähe von Goethit auf.

Eine Palette von Formen und Farben

Dieses Mineral ist schwer und in kristallisierter Form glänzend schwarz bis schwarzbraun. Es kommt auch in Gestalt zerbrechlicher Blättchen vor, die aus feinen Nadeln bestehen, oder in Form von braunen bis gelben Fasern. Am häufigsten aber bildet es traubige Klumpen.

Biotit

Ebenso wie Muskovit gehört auch Biotit der großen Gruppe der Glimmer an. Es ist eines der wichtigsten Bestandteile von Granit und Glimmerschiefer.

Biotit bildet pseudohexagonale (sechsseitige) Prismen.

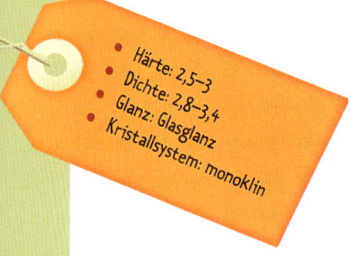

- Härte: 2,5–3
- Dichte: 2,8–3,4
- Glanz: Glasglanz
- Kristallsystem: monoklin

Blättchen

Schon gewusst?

Das größte Biotitkristall der Welt misst 2,5 m mal 1,5 m. Es wurde in einer Mine in Kanada gefunden.

Biotit

Die Kristalle sehen aus wie ein Blätterteig aus übereinanderliegenden Blättchen.

Phlogopit

Phlogopit ist ein bernsteinfarbener oder hellbrauner Glimmer, der häufig in der Nähe von Biotit zu finden ist.

Verwendung

Anders als die weißen Glimmer werden schwarze Glimmer seltener industriell genutzt. Biotitpulver dient allerdings als Färbemittel.

- in plutonischem und metamorphem Gestein und in allen Gebirgen

Turmalin

Der blaue, rosafarbene, grüne, braune oder schwarze Turmalin ist leicht zu erkennen. Die stäbchen- oder nadelförmigen Kristalle werden bis zu 1 m lang.

Härte: 7–7,5
Dichte: 3–3,7
Glanz: Glasglanz
Kristallsystem:
rhomboedrisch

blauer
Turmalin

Häufig sind die Kristalle senkrecht kanneliert (gerillt).

Kannelur

Blauen Turmalin nennt man Indigolith, rosafarbenen Rubellit, grünen Verdelith und braunen Dravit. Manche Kristalle weisen mehrere Farben in waagrechten Zonen auf.

grüner
Turmalin

Der Längsschnitt durch die Kristalle ist gewöhnlich dreieckig. Die Seiten sind meist leicht gekrümmt.

Der Stein, der Asche anzieht

Der Name Turmalin kommt aus dem Singhalesischen, das auf Sri Lanka gesprochen wird: *Toramalli* bedeutet »Stein, der Asche anzieht«. Wenn Turmalin erwärmt wird, lädt er sich an einem Ende mit positiver Elektrizität und am anderen mit negativer Elektrizität auf. Diese als »pyroelektrisch« bezeichnete Eigenschaft bewirkt, dass er die Asche des Feuers anzieht, auf dem er erwärmt wird.

- in plutonischem und metamorphem Gestein
- Fundstellen gibt es u. a. im Erzgebirge, im Bayerischen Wald, in Kärnten und auf der Insel Elba.

Azurit

Azurit ist ein azurblaues, hellblaues oder
dunkelblaues Kupfermineral. Zu Pulver zerstoßen,
diente es früher als Pigment für blaue Farben.
Wenn man es mit Essig beträufelt, bilden sich
wie bei Kalkspat Bläschen.

Malachit

- Härte: 3,5–4
- Dichte: 3,8
- Glanz: Glasglanz
- Kristallsystem: monoklin

Häufiger Begleiter

Azurit verwandelt sich durch
Wasseraufnahme in Mala-
chit, der an der Oberfläche
des Azurits kleine grüne
Krusten bildet.

Azurit tritt häufig in Gestalt von
großen, wohlgeformten Kristallen
auf oder aber in rosettenartigen
Gebilden.

Lapislazuli

Nicht verwechseln!

Der ebenfalls blaue Lapislazuli ist härter und weniger
dicht und bildet kubische
Kristalle. Als Schmuckstein
wird er sehr geschätzt. Er
zählt zu den eher seltenen
Mineralien.

Azurit

blaue Kristalle

- in Kupferminen
- in Andalusien, auf Sardinien, in Frankreich, Arizona und Utah

Granat

Dieses Mineral kommt sehr häufig vor. Es kann rot, orangefarben, gelb, violett oder schwarz sein und hat meist die Form kleinerer oder größerer zwölfflächiger Kristalle. Vor allem in Mitteleuropa fertigte man früher sehr viel Schmuck daraus.

Schon gewusst?

Granate bilden sich unter Einfluss sehr hoher Temperaturen. Sie sind sehr stabil und verändern sich – anders als die meisten Mineralien – nicht an der Luft.

- Härte: 6–7
- Dichte: 3,–4,3
- Glanz: Glasglanz
- Kristallsystem: kubisch

Mit ihrer zwölfflächigen Form passen die Granantkristalle in einen Würfel.

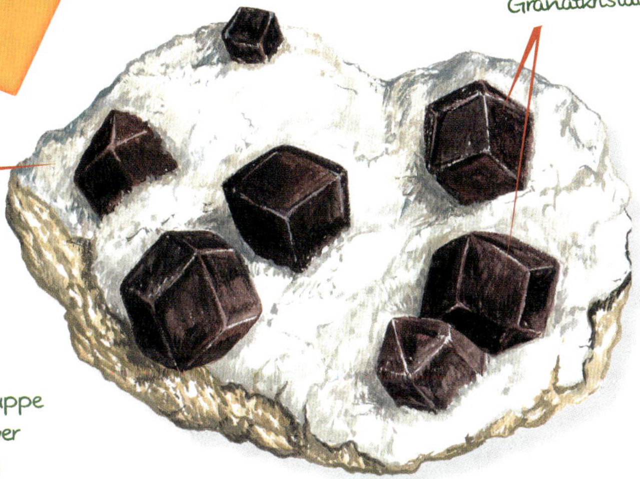

Granatkristalle

Glimmer-schiefer

»Granat« ist eigentlich der Name einer Gruppe von sechs schwer voneinander zu unterscheidenden Mineralien.

Granat ist ein sehr hartes Mineral, das zur Herstellung von Schleifmitteln verwendet wird.

Pyrop

Geschliffener Granat

Der Pyrop ist auch unter dem Namen »Böhmischer Granat« bekannt. Im 19. Jahrhundert war er groß in Mode. Geschliffene Granate wurden in Broschen, Ringe und anderen Schmuck eingearbeitet. Der größte geschliffene Granat war so groß wie ein Taubenei.

- im Sand von Flussbetten, in metamorphem Gestein und manchen plutonischen Gesteinsarten

Quarz

Von allen Mineralien kommt Quarz am häufigsten vor. Die Kristalle laufen meist in einer Spitze mit ungleichen Flächen aus. Die großen Flächen sind oft gerillt. Quarz kann verschiedene Farben haben: Schwarz, Gelb, Grau, Rosa oder Violett wie Amethyst.

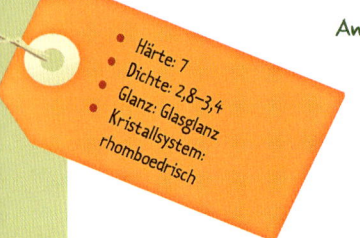

- Härte: 7
- Dichte: 2,8–3,4
- Glanz: Glasglanz
- Kristallsystem: rhomboedrisch

Amethyst ist eine durch Spuren von Eisen violett gefärbte Quarzvariante.

pyramidenförmige Spitze

violettes Kristall

Amethyst

Achat

Die Quarzvariante Achat nennt man auch Chalcedon oder Chalzedon. Die mikroskopisch kleinen Kristalle bilden bunte Bänder.

Der Amethyst ist ein beliebter Schmuckstein und ziert auch die Ringe der Bischöfe.

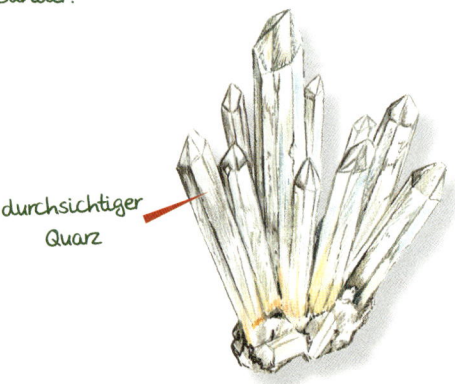

durchsichtiger Quarz

Zahlreiche Varianten

Durchsichtiger, farbloser Quarz wird Bergkristall genannt. Die alten Römer stellten daraus Schüsseln her, in denen sie sich im Sommer die Hände kühlten. Schwarzer Quarz heißt auch Rauchquarz, gelber Quarz auch Citrin.

- fast überall, vor allem in Flusssand
- Kristalle in metamorphem und plutonischem Gestein

Gesteine

- Granit
- Pegmatit
- Basalt
- Obsidian
- Aschentuff
- Gneis
- Marmor
- Schiefer
- Kalkstein
- Sandstein
- Kreide
- Kieselgur
- Kohle

Granit

Das Wort Granit kommt vom lateinischen *granum* für »Korn« und beschreibt treffend das Aussehen dieses Gesteins, das aus kleinen Körnern besteht. Man kann es überall auf der Welt finden.

- Plutonit
- Farbe: weiß, grau, rosa, rot und schwarz gefleckt

Biotit

Quarz

Die kleinen grauen Körner im Granit sind meist Quarz (S. 24) und die schwarzen Biotit (S. 20).

Kleine Körner

Häufig enthält Granit auch Muskovitfasern (S. 14)

Granodiorit

Dieses eng mit dem Granit verwandte Gestein ist grauer und enthält etwas mehr Quarz. Der berühmte Stein von Rosette, der das Entschlüsseln der ägyptischen Hieroglyphen ermöglichte, ist ein Granodiorit.

Ebenso wie andere plutonische Gesteine war Granit ursprünglich Lava, die unter der Erdoberfläche erkaltete.

Nicht verwechseln!

Zwar ist Granit ein genau beschriebenes Gestein mit einer bestimmten Zusammensetzung. Trotzdem werden umgangssprachlich viele »körnig« aussehende Gesteinsarten als Granit bezeichnet, auch wenn es eigentlich Kalkstein ist.

Kalkstein

• bestimmte Gebiete der Alpen, viele deutsche Mittelgebirge, Böhmerwald

Pegmatit

Ebenso wie Granit entstand auch Pegmatit durch das Erkalten von Lava unter der Erdoberfläche. Allerdings sind die Kristalle, aus denen Pegmatit besteht, wesentlich größer. In diesem Gestein findet man häufig schöne Mineralienproben als Einschlüsse z. B. Biotit (S. 20), Fluorit (S. 15), Pyrit (S. 16), und Galerit (S. 18).

- Plutonit
- Farbe: weiß, rosa, rot und schwarz gefleckt

grauweiße Körner

schwarze Kristalle

In Pegmatit sind die großen Kristalle mehr oder weniger parallel zueinander angeordnet. Sie wachsen vom Rand einer Spalte zu deren Mitte.

Kristallansatz

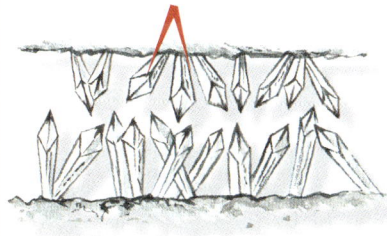

Je langsamer die Lava erkaltete, desto größer die Kristalle, die im Pegmatit eingeschlossen sind.

Schwere Schätze

Pegmatit ist von großer wirtschaftlicher Bedeutung, denn er enthält seltene Mineralien wie z. B. Lithium sowie wertvolle Steine, darunter Aquamarine, Saphire und Topase.

Basalt

Basalt ist das meistverbreitete Vulkangestein. Es entstand, als geschmolzenes Gestein an der Luft oder im Wasser rasch erkaltete. Basalt ist aber auch das insgesamt am häufigsten auftretende Gestein: 70% der Gesteine an der Erdoberfläche sind Basalte. Da sich das meiste davon allerdings am Meeresboden befindet, kommt man nicht immer leicht ran.

Olivine

Manchmal findet man im Inneren von Basalt kleine grüne Körner: Olivinkristalle. Olivin ist das erste Mineral, das kristallisiert, wenn Magma (geschmolzenes Gestein) erkaltet.

- vulkanisches Gestein
- Farbe: schwarz oder schwarzgrau

Basalt besteht aus sehr kleinen Körnern. Kein in Basalt enthaltenes Mineral ist direkt erkennbar.

Schon gewusst?

Basalt kommt auf großen Flächen vor, die den ehemaligen Lavaströmen entsprechen. Im Dekkan in Indien sind solche Basaltfelder knapp doppelt so groß wie Deutschland. Der Basalt ist dort 2 km tief und entstand in der Zeit, in der die Dinosaurier verschwanden.

Basalt enthält kein Quarz.

Häufig weist Basalt kleine Löcher auf, die durch Gasbläschen entstanden.

Basaltsäule

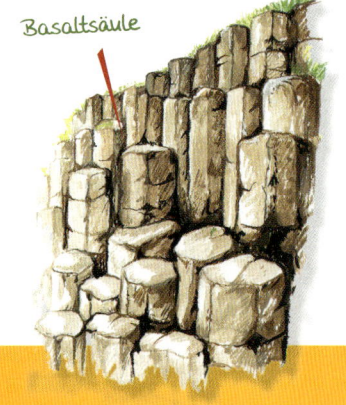

Die Straße der Riesen

Basalt tritt häufig in Gestalt von großen, eng beieinanderstehenden Prismen auf. Die Straße der Riesen in Nordirland besteht aus nahezu 40 000 Basaltsäulen. Sie stellt ein einzigartiges Naturphänomen dar und wurde von der UNESCO in die Liste der Naturdenkmäler aufgenommen.

Schwäbische Alb, Odenwald, nördlicher Steinwald, Rhön, Vogelsberg, Lausitzer Bergland, Westerwald, Steiermark u. a. m.

Obsidian

Obsidian enthält viel Silikat, ein Salz, das wiederum aus Sauerstoff und Silizium besteht. Obsidian ist ein natürliches Glas, das lichtdurchlässig bis durchsichtig ist und durch einen sehr dicken Lavafluss entsteht. Fasse Obsidian nur mit Handschuhen an, denn die Kanten sind messerscharf!

- vulkanisches Gestein
- Farbe: glänzend schwarz, grau oder braun

Schneeflockenobsidian

Es bricht wie dickes Glas.

Versteinerte Schneeflocken?

Einschlüsse des Minerals Feldspat in Obsidian sehen wie kleine weiße Blumen aus. Man nennt diese Art von Obsidian »Schneeflockenobsidian«.

Obsidian sieht immer wie Glasmasse aus und enthält niemals Kristalle. Es ist so hart, dass es in Glas ritzen kann.

scharfe Kanten

geschnitzter Obsidian

Prähistorisches Werkzeug

Die Menschen der Steinzeit fertigten aus Obsidian Werkzeuge und Waffen, vor allem Pfeilspitzen und Messerklingen. In Südeuropa war Obsidian damals eine wichtige Handelsware.

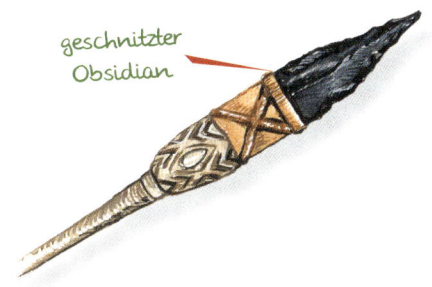

Aschentuff

Auch bei der Entstehung des Aschentuffs spielten Vulkane eine zentrale Rolle. Aschentuff bildet sich an Land oder am Meeresboden aus Ansammlungen zusammengepresster Asche und ist weich und porös.

- vulkanisches Gestein
- Farbe: weiß, hellgrau

kleine
Körner

Sämtliche Bestandteile des Aschentuffs sind kleiner als 2 mm.

weiß-graue
Färbung

Bimsstein

Bimsstein entsteht aus saurer, zähflüssiger Lava, die von einem Vulkan in die Luft empor-geschleudert wird. Dabei bilden sich Bläschen, die nur von dünnen Wänden aus vulkanischem Glas getrennt sind. Bimsstein ist ein Produkt besonders heftiger Vulkanausbrüche und so leicht, dass er auf dem Wasser schwimmt.

Bimsstein

Tuffstein

Kalktuff

Nicht verwechseln!

Aschentuff wie auch Tuffstein sind weiche Gesteine, die sich aus 2 bis 64 mm großen Bestandteilen zusam-mensetzen und die bei mitunter sehr heftigen Vulkanausbrüchen herausge-schleudert werden. Kalktuff dagegen ist ein Sedimentgestein und besteht aus Kalkstein, der sich in Flüssen und Quellen auflöst. Oft enthält er Spuren von Pflanzen oder Muscheln.

- Eifel, Umbrien (Italien), Zentralmassiv, Kappadokien (Türkei)

Gneis

Gneis entstand, als sich andere Gesteinsarten unter Einfluss von Wärme und Druck veränderten. Typisch sind seine unterbrochenen dunklen und hellen Bänder. Die Mineralienkörner, aus denen er besteht, sind von mittlerer Größe.

Fachchinesisch

Gneis, der durch die Metamorphose (Verwandlung) von Granit entstand, nennt man Orthogneis. Gneis aus umgewandeltem, tonhaltigem Sediment heißt Paragneis.

- Metamorphit
- Farbe: grau oder rosa mit dunklen Streifen und Bändern

In Gneis treffen verschiedene Mineralien zusammen, darunter Quarz (S. 24), Muskovit (S. 14) und Biotit (S. 20).

unterbrochene Bänder

mittelgroße Körner

Bändergneis

Häufig bilden die Schichten, aus denen Gneis besteht, übereinanderliegende Bänder. Sie sind das Ergebnis von Wärme und Druck, unter deren Einfluss das Gestein beinahe seinen Schmelzpunkt erreicht (die Temperatur, bei der es schmilzt).

Augengneis

In diesem Gneis wurden große Kristalle des Minerals Feldspat gebildet oder erhalten. Rings um diese Kristalle fallen die dunklen und hellen Bänder auf. Augengneis ist häufig Orthogneis.

Marmor

Marmor entstand durch die Verwandlung von Kalkstein unter Einwirkung von Wärme und Druck. Marmor ist verhältnismäßig weich und kann mit einem Messer geritzt werden. Seit Jahrtausenden wird er viel genutzt, vor allem für Statuen.

- Metamorphit
- Farbe: weiß, rot, schwarz, gelb, grün, in verschiedenen Farben gefleckt oder geädert

Marmor ist ein poröses Gestein, das leicht Flecken bekommt. Seine Körnung ist mittel bis grob.

Marmor enthält gewöhnlich Kalkspatkristalle (S. 11). Beträufelt man ihn mit Essig, schäumt er auf.

Warum ist er so kalt?

Wenn du Marmor berührst, fühlt er sich erst einmal kalt an. Marmor leitet Wärme sehr gut, darum dauert es, bis er Körpertemperatur erreicht hat.

reinweiße Farbe

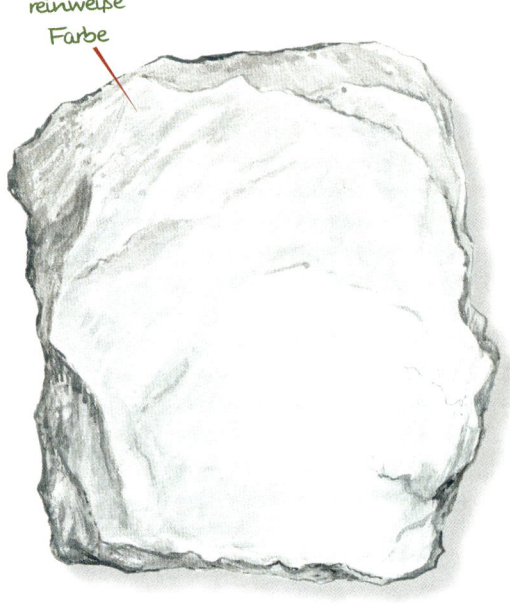

geäderter Marmor

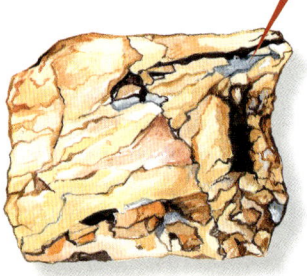

Wenn der ursprüngliche Kalkstein Sand oder Ton enthielt, sind in den Marmor verschiedene Mineralien eingeschlossen, wie etwa Granat oder Olivin. Sie bewirken die farbigen Strukturen.

- in Gebirgen oder in der Nähe von Granitvorkommen

Schiefer

Schiefer entstand aus Gestein, auf das Wärme und Druck einwirkten. Er besteht aus übereinandergelagerten Blättchen und sieht ein bisschen wie sehr fester Blätterteig aus.

Tonschiefer

Schiefer wurde früher viel als Baumaterial verwendet. Man kann ihn zu Platten und kleineren Schindeln schneiden, um Dächer wetterfest abzudecken. Aus dickeren Stücken baut man Mauern.

- Metamorphit
- Farbe: schwarz, grau, weiß, braun, rot, dunkelgrün oder blau

Tonschiefer

Eine Variante von Schiefer ist der Tonschiefer, der für Dachschindeln verwendet wird. Mitunter enthält er Pyrit (S. 16) in Körnerform oder sogar Reste von Fossilien, z. B. von Trilobiten (S. 58), wenn der ursprüngliche Ton nicht zu stark erhitzt wurde.

viele Schichten

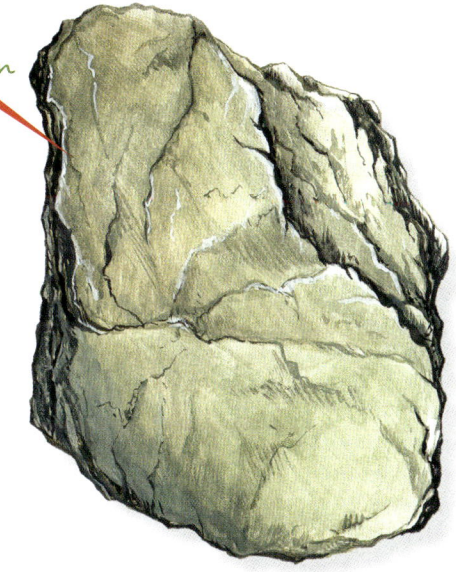

Eine große Familie

Die Schiefer bilden eine große Gruppe von Gesteinen. Wenn sie viel Glimmer enthalten (für weißen Glimmer s. Muskovit S. 14, für schwarzen Biotit S. 20), nennt man sie Glimmerschiefer. Enthalten sie Granatsteine (S. 23) spricht man von Granatschiefer.

Glimmerschiefer

Auf schieferhaltigen Böden können nur einige bestimmte Pflanzen wachsen, wie z. B. Birken.

Kalkstein

Kalkstein ist ein sehr weitverbreitetes Gestein auf unserem Planeten. Er lagerte sich in mehr oder weniger dicken Schichten ab. Da er aus kleinsten Kalkspatkristallen besteht, schäumt er bei Kontakt mit Essig auf.

Nummulit

- Sedimentgestein
- Farbe: weiß, grau, cremefarben, gelb, rot, braun oder schwarz

Nicht selten findet man in Kalkstein Fossilien. Diese Probe enthält sehr viele Nummuliten (»Münzsteine«), versteinerte Meeresbewohner, die im frühen Tertiär lebten.

Kalkstein ist ein wasserundurchlässiges Gestein. Es löst sich in Regenwasser auf, das Kohlendioxid enthält.

oolithischer Kalkstein

eiförmige Körner

Oolithische Kalksteine

Oolithische Kalksteine (in Form von Felsen) lagerten sich in warmen Gewässern, die viel gelösten Kalkstein enthalten, in der Nähe von Korallenriffen an. Oolithischer Kalkstein wird von kleinen Mineralienkörnern gebildet (u. a. Kalkspat und Quarz) oder aber von organischer Materie (Seeigelstacheln, Stücke von Muschelschalen), eingeschlossen in Schichten von Kalkstein.

Zementsack

Kalk

Schon gewusst?

Kalkstein lagert sich sowohl auf dem Meeresboden als auch auf Seegrund ab. Er kann von Muschelansammlungen stammen oder auch von anderen Lebewesen wie z. B. Korallen.

Wenn man Kalkstein erhitzt und anschließend zu Pulver mahlt, erhält man aus sehr reinem Kalkstein Kalk und aus tonhaltigem Kalkstein Zement. Beide werden als Baumaterial verwendet.

in Gebirge und Flachland sehr verbreitet

Sandstein

Sandstein entstand dadurch, dass sich Sand erhärtete, dessen Körner alle ungefähr die gleiche Größe hatten. Sein Hauptbestandteil ist Quarz. Die Zusammensetzung des Zements, der die Körner verkittet (verbindet), ist je nach Ursprung und Geschichte des jeweiligen Sandsteins verschieden. Man findet ihn fast überall.

Breit gefächert

Es gibt verschiedene Arten von Sandstein. Arkose ist grobkörnig und entstand oft durch den Zerfall von Granit. Psammit ist ein Sandstein, der viel Glimmer enthält. Quarzsandstein besteht ausschließlich aus Quarz.

- Sedimentgestein
- Farben: weiß, grau, cremefarben, gelb, rot, braun oder schwarz

Sandstein kann mehr oder weniger porös und mehr oder weniger hart sein. Er kann sich unter Meeren oder auf Kontinenten bilden. Häufig enthält er Glimmerblättchen.

Sandkörner

Der Ton

In sedimentären Ablagerungen lagert neben Sandstein oft auch Ton. Er besteht aus sehr feinen Materieteilchen, die durch Erosion von Gestein abgeschliffen wurden. Flüsse spülen sie mit sich fort und lagern sie an ihren Mündungen, in Seen oder im Meer ab. Ton lässt sich leicht formen und kann viel Wasser aufnehmen.

Ton

Kreide

Coccolithen

Kreide besteht fast ausschließlich aus Kalzium-karbonat mit einem kleinen Anteil an Ton. Sie ist ein weiches, brüchiges und poröses Gestein, das sich leicht mit dem Fingernagel einritzen lässt. Bekanntestes Kreideprodukt ist wohl die Tafelkreide.

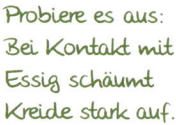
• Sedimentgestein
• Farbe: weiß, schwarz

Der sich von Kreide ablösende Staub besteht aus winzigen Kalkteilchen. Diese Teilchen sind Fossilien mikroskopisch kleiner Meeralgen: der Coccolithen.

sehr kleine Körner

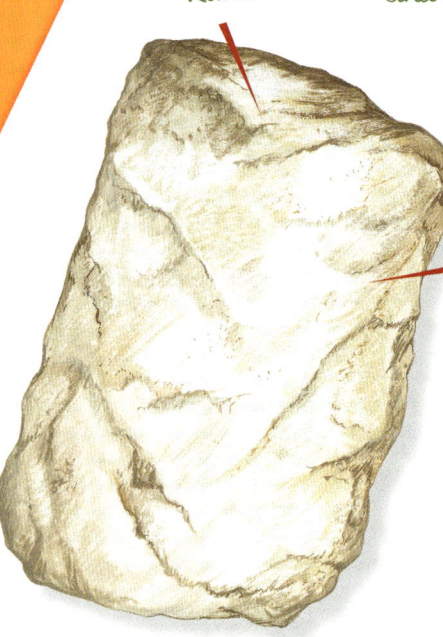

Probiere es aus: Bei Kontakt mit Essig schäumt Kreide stark auf.

weiße Farbe

Berühmt sind die Kreidefelsen auf Rügen, auf Usedom und bei Dover in England.

Feuerstein

Feuerstein

Kreide enthält häufig waagrechte Schichten von Feuerstein. Dies ist ein hartes, feinkörniges und glänzendes Gestein von gelber, brauner oder schwarzer Farbe. Feuersteinsplitter haben scharfe Kanten und sind lichtdurchlässig. In vorgeschicht-licher Zeit machten sich die Menschen daraus Waffen und Werkzeug.

an den Küsten von Nord- und Ostsee, an den Küsten griechischer Inseln, bei Belgorod in Russland

Kieselgur

Kieselgur oder Diatomit ist ein weiches, brüchiges Gestein. Es ähnelt zwar der Kreide, schäumt bei Kontakt mit Essig aber nicht. Es ist porös und nimmt Wasser rasch auf – ein bisschen wie ein Schwamm.

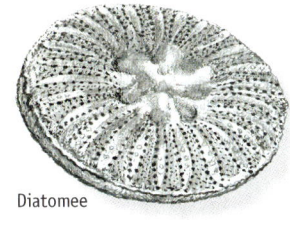

Diatomee

Sedimentgestein
Farben: weiß,
grau oder grün

Kieselgur bildet sich in Süß- und in Salzwasser.

Kieselgur ist eine Ablagerung von Diatomeen. Dies sind kleine, einzellige Algen mit Außenschalen aus Silizium. Diese Schalen bilden Kieselgur.

weiße Farbe

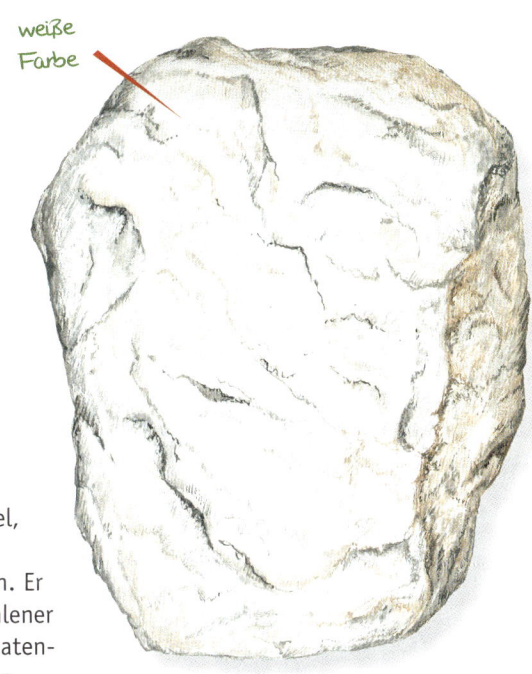

Ein Filter

Kieselgur wird gebrochen, getrocknet, zermahlen und in Fabriken behandelt, um anschließend als Filter verwendet zu werden, insbesondere für Wein und Bier.

Bum!

Kieselgur ermöglichte Alfred Nobel, das sehr erschütterungsempfindliche Nitroglyzerin zu stabilisieren. Er formte dafür aus zu Pulver gemahlener Kieselgur Stäbchen. Seine 1867 patentierte Erfindung erhielt den Namen »Dynamit«.

Man findet Kieselgur häufig in Süßwassergewässern von Gebieten mit aktiven Vulkanen.

Kohle

Kohle ist kein Gestein im eigentlichen Sinne, sondern eine feste Masse aus fossilen Pflanzen. Schon seit langer Zeit wird Kohle als Brennstoff verwendet.

Der Ursprung der Kohle

Kohle entstand durch die Verwandlung organischer Materie unter Einwirkung von Wärme und Druck. Zeichenkohle z. B., die du aus dem Kunstunterricht kennst, stammt von Stämmen und Stängeln von Pflanzen.

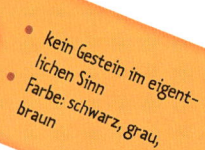

• kein Gestein im eigentlichen Sinn
• Farbe: schwarz, grau, braun

Steinkohle ist eine besondere Variante von Kohle. Sie wird u. a. in Heizkraftwerken und bei der Stahlproduktion verwendet.

glänzende Reflexe

Kohle wird in zahllosen Bergwerken der verschiedensten Länder abgebaut. Alljährlich gewinnen Bergleute weltweit über 4600 Millionen Tonnen.

Die zahlreichen Fossilien von Pflanzen, die man in Kohle finden kann, ermöglichten es, einen Abschnitt der Erdgeschichte zu bestimmen: das Karbon (eine Periode des Paläozoikums).

Nicht verwechseln!

Kohle ist nicht gleich Kohle: Nur Steinkohle (schwarz oder grau) und Braunkohle (braun) entstanden aus urzeitlichen Pflanzen. Holzkohle entsteht aus Holz, das in luftdichter Umgebung verbrannt wird, und kann also auch künstlich hergestellt werden.

• alte Kohlebergwerke
• u. a. Ruhrgebiet, Saarland, Sachsen (Steinkohle); Niederrheinische Bucht, Lausitz (Braunkohle)

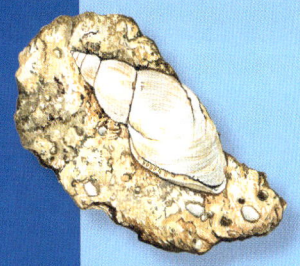

Fossilien

Pflanzen

Diese Fossiliengruppe ist extrem alt. Die ersten bekannten Pflanzen waren winzige, 1,8 Milliarden Jahre alte Algen. Pflanzen sind die ersten Organismen, die vor ungefähr 40 Millionen Jahren außerhalb des Wassers zu leben begannen.

Pecopteris arborescens wuchs im Karbon.
Diese fossile Pflanze ähnelt einem Farn.

Nicht verwechseln!

Wenn du Kalksteinplatten zu Täfelchen zerschlägst, findest du manchmal Dendriten. Obgleich sie versteinerten Farnwedeln ähneln, sind sie keine Pflanzenfossilien, sondern mineralische Ablagerungen, die Eisen und Mangan enthalten.

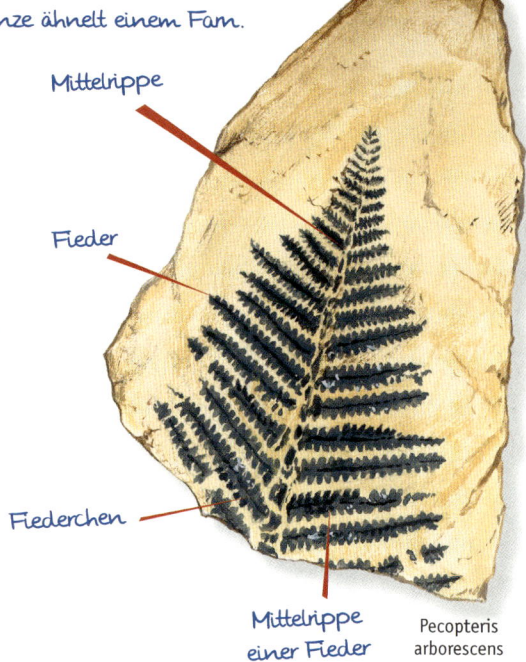

Mittelrippe

Fieder

Fiederchen

Mittelrippe
einer Fieder
(8 bis 12 mm)

Pecopteris
arborescens

Lepidodendron aculeatum

Lepidodendron aculeatum

Die Übersetzung dieses wissenschaftlichen Namens lautet »Schuppenbaum«. Diese Pflanze konnte bis zu 40 m hoch werden. Sie lebte vor 400 bis 290 Millionen Jahren. Abgefallene Blätter hinterließen am Stamm bis zu 5 cm hohe, rautenförmige Narben, die hintereinander und versetzt angeordnet waren.

● Kohlebergwerke, Sedimentgestein (Sandstein, Ton, Kalkstein)

Annularia sphenophylloides

Diese Fossilien, die an Margeriten erin-
nern, sind die Blätter eines riesigen
Schachtelhalms, Kalamit genannt. Er wurde
über 10 m hoch.

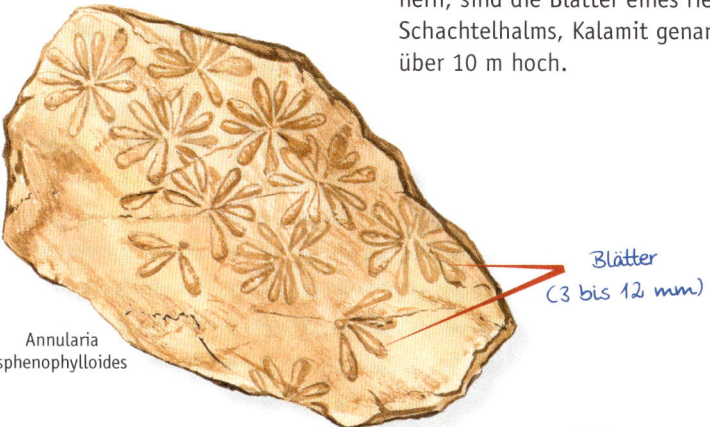

Blätter
(3 bis 12 mm)

Annularia
sphenophylloides

Ebenso wie unsere heutigen Schachtelhalme
bevorzugte auch die im Karbon gedeihende
Annularia sphenophylloides feuchte
Lebensräume.

Schon gewusst?

Vor 365 Millionen Jahren
wuchs *Archaeopteris*, der
erste Baum, 40 m hoch.
Seine Fossilien kommen
fast weltweit vor. Er bildete
Wälder in Gebieten, in denen
sich kein Wasser staute.

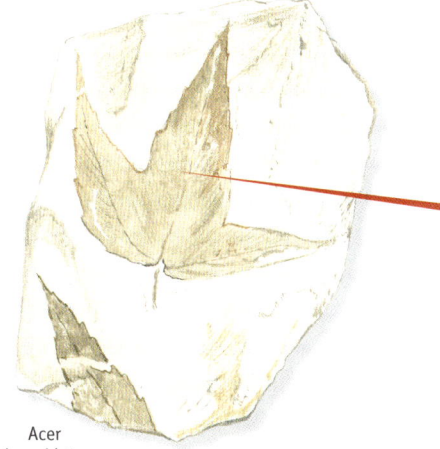

bis zu 7 cm
lange Blätter

Samen

Acer
tricuspidatum

Acer tricuspidatum

Blatt und Samen dieses
fossilen Ahorns ähneln schon
sehr stark denen moderner
Ahornarten wie etwa dem
Rot-Ahorn.

Korallen und Schwämme

Korallen und Schwämme traten erstmals vor 500 Millionen Jahren auf. Korallen sind Tiere, die gewöhnlich allein oder in Kolonien in warmen Meeren leben. Einige Korallenarten gehören zur Klasse der Blumentiere. Schwämme bilden eine Gruppe sehr primitiver Tiere mit einem Skelett aus kleinen Kalkspat- oder Kieselsäurenadeln.

Calceola sandalina

Sie lebte im Devon vor 416 bis 39 Millionen Jahren und verdankt ihren Namen »Pantoffelkoralle« ihrer Form, die an einen Pantoffel erinnert. Sie wurde höchstens 5 cm hoch.

Fossiles Skelett

Fossilien von Tieren sind meist versteinerte Skelette. Sie bestehen aus Aragonit, einem Mineral, das derselben Gruppe wie Kalkspat angehört (S. 11).

Der bewegliche Deckel verhinderte, dass sich der Kelch mit Schlamm füllte.

Deckel

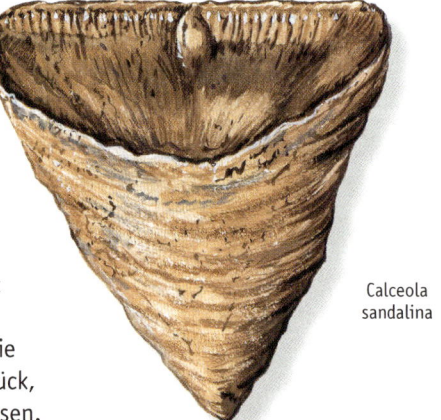

Calceola
sandalina

Unterwassermaurer

Korallen sind kleine Nesseltiere, die riesige Kolonien bilden. Sie »bauen« Korallenriffe, indem sie sich neben- und übereinander ansiedeln. Wenn sie absterben, bleiben ihre Skelette zurück, wodurch die Riffe immer weiterwachsen.

- marines Sedimentgestein, das zwischen dem Paläozoikum und heute abgelagert wurde

Meandroria

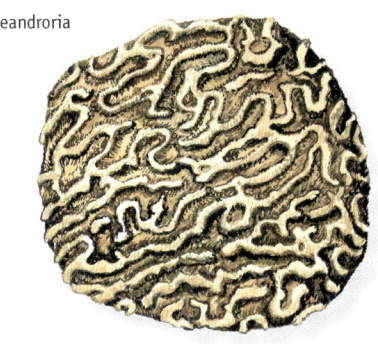

Meandroria

Dieser Vertreter von Kolonien bildenden Korallen mit einem Durchmesser von 10 bis 30 cm sieht mit den Falten an seiner Oberfläche ein bisschen wie ein Gehirn oder zusammengeknülltes Papier aus. Er lebte in der Kreidezeit.

Cyclolites ellipticus

Cyclolites ellipticus ist ein Korallenfossil mit höchstens 10 cm Durchmesser. Sie lebte zwischen Kreidezeit und Eozän.

strahlenartige
Zwischenwände

Cyclolites
ellipticus

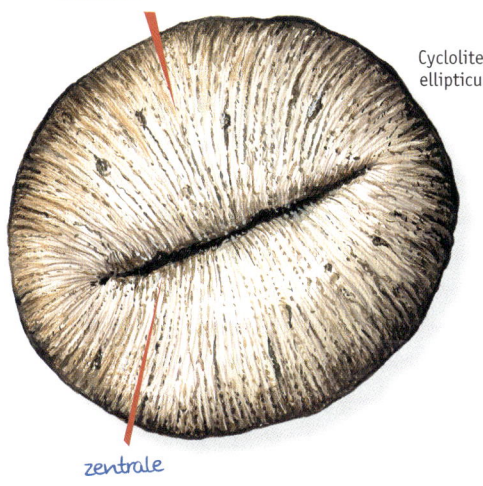

zentrale
Rille

Schon gewusst?

In der Antike gab man Babys einen in Honig getauchten Schwamm zu lutschen.

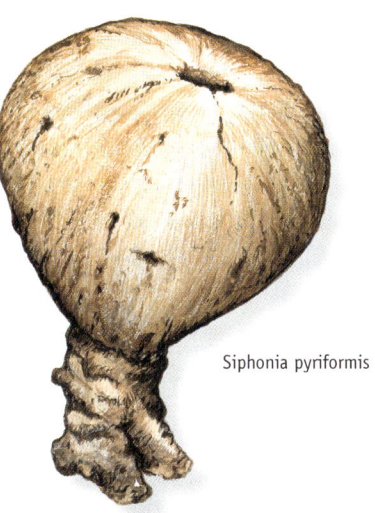

Siphonia pyriformis

Siphonia pyriformis

Dieser Kieselschwamm aus der Kreidezeit verankerte sich mittels eines mit Wurzeln versehenen Fußes an einem langen Stiel im Meeresboden. Den wissenschaftlichen Namen verdankt er seiner Birnenform. Das vollständige Fossil sieht aber eher wie eine Tulpe aus. Leider ist der Stiel oft abgebrochen.

Armfüßer

Der Körper dieser wirbellosen Meeresbewohner (auch: Brachiopoden) wird von einer Schale mit zwei ungleichen Teilen geschützt. Heute gibt es nur noch wenige Arten von ihnen. Aber die vor 540 Millionen von Jahren erstmals aufgetretenen Armfüßer waren in den Meeren des Paläozoikums sehr zahlreich vertreten.

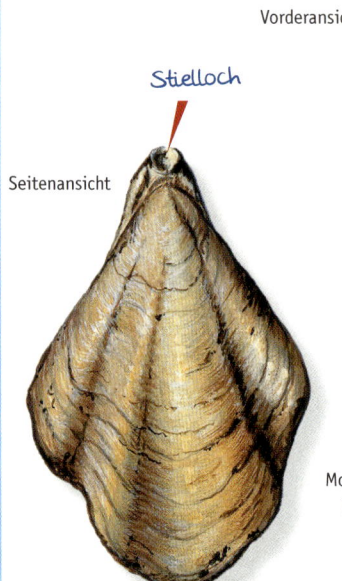

Vorderansicht

Stielloch

Seitenansicht

Morrisithyris phillipsi

Sie wurde bis zu 6,5 cm lang.

Wachstumslinien

Anatomie der Armfüßer

Der bei Armfüßern stärker entwickelte Schalenteil ist die Stielklappe. An ihrem Ende befindet sich eine kleine Öffnung, das Stielloch, aus dem ein Stiel austrat, mit dem sich das Tier an Steinen, Muscheln oder Felsen verankerte.

Morrisithyris phillipsi

Das Erkennungsmerkmal der *Morrisithyris phillipsi* ist die gegenüber dem Stielloch abgesenkte Klappe. Sie lebte vor 175 bis 154 Millionen Jahren.

Cyclothyris vespertilio

Cyclothyris vespertilio lebte in der Kreidezeit. Sie erinnert an eine fliegende Federmaus. Daher auch der Artname: *Vespertilio* heißt auf Latein »Fledermaus«.

Cyclothyris vespertilio

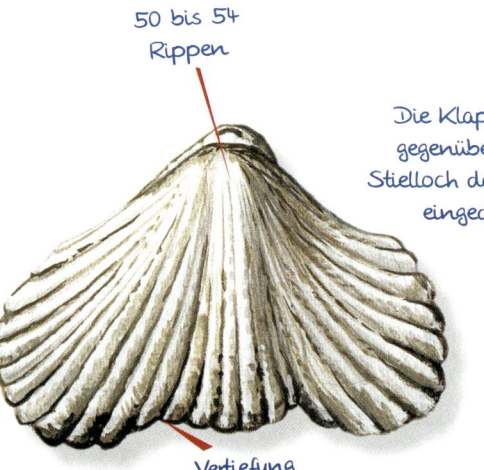

50 bis 54 Rippen

Die Klappe ist gegenüber vom Stielloch deutlich eingedrückt

Vertiefung

● vor allem in marinem Sedimentgestein des Paläozoikums und Mesozoikums

Cyrtospirifer verneuilli

Diese Art war breiter als lang, erreichte 10 cm und besaß kein Stielloch. Sie lebte auf dem Mereresgrund und grub sich wegen ihrer Breite nicht in den Sand ein.

Cyrtospirifer verneuilli

60 bis 90 Rippen

Vor 385 Millionen Jahren gab es besonders viele dieser Armfüßer.

Schon gewusst?

In Japan gilt der muskulöse Fuß heutiger *Lingula* als Delikatesse. Die Armfüßer werden in Brackwasser und seichten Gewässern vor den Küsten gesammelt.

Verkrustung

Lingula minima

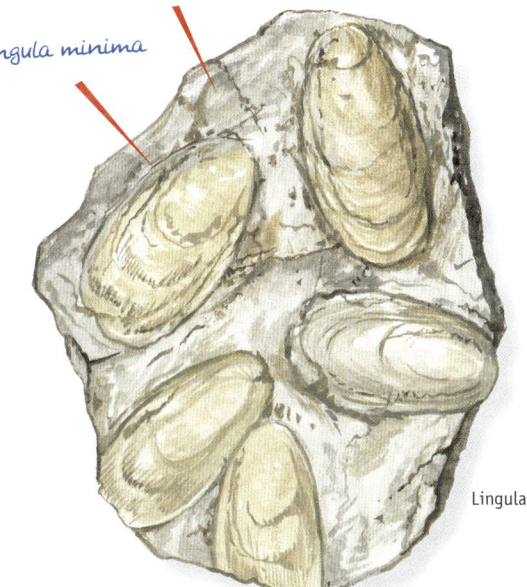

Lingula

Die Gruppe der *Lingula*-Arten trat erstmals vor 550 Millionen Jahren auf und existiert noch heute. Diese zungenförmigen Tiere wurden ungefähr 1 cm lang. Häufig findet man sie in Gruppen, verbunden durch eine kalkhaltige Verkrustung, eine Art von natürlichem Zement.

Lingula

Muscheln

Innerhalb dieser im Paläozoikum wenig artenreichen Klasse entwickelte sich im Mesozoikum und Känozoikum eine immer größer werdende Vielfalt von Arten. Einige leben in Süßwasser, andere in den Meeren. Manche Arten verbringen ihr ganzes Leben an einem Ort, andere vergraben sich im Sand. Anders als bei Armfüßern besteht die Schale meist aus zwei symmetrischen Hälften.

Pseudopecten aequivalvis

Diese Muschel ist leicht zu bestimmen, denn sie ähnelt einer heutigen Jakobsmuschel.

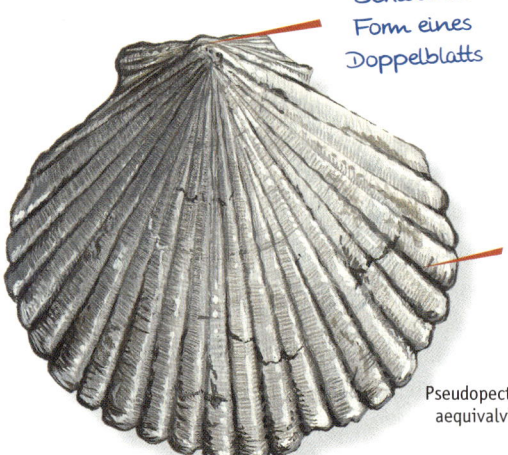

Schloss in Form eines Doppelblatts

Wachstumslinien

Pseudopecten aequivalvis

Schon gewusst?

Die Jakobsmuschel war im Mittelalter das Abzeichen der Pilger, die auf dem Jakobsweg zum Wallfahrtsort Santiago de Compostela in Spanien wanderten.

Diese Art erreichte einen Durchmesser von ungefähr 10 cm und lebte in den Meeren des Juras.

Rhaetavicula contorta

Diese kommaförmige Muschel wurde bis zu 25 cm lang. Jede Klappe (Schalenhälfte) war mit zwei »Zähnen« versehen. Die linke Klappe war gewölbt, die rechte platt. An der Oberfläche sind Wachstumslinien oder konzentrische Kreise zu erkennen. Dieses Fossil ist typisch für Gesteine, die vor 200 Millionen Jahren abgelagert wurden, und ist dort in großer Zahl zu finden.

Rhaetavicul contorta

● marines Sedimentgestein, das seit dem Paläozoikum bis heute abgelagert wurde

Diese fossile Auster wurde bis zu 1 m lang!

faltige
Schale

Schlossbereich

Crassostrea
gryphoides

Crassostrea gryphoides

Typisch für diese Art ist der stark
entwickelte Bereich um das Schloss.
Die Schale ist außen sehr faltig. Wenn
man sie in der Hand hält, lösen sich
oft Blättchen ab.
Sie lebte vor ungefähr 15 Millionen
von Jahren in Mündungsgebieten.

Eine Legende

Im Mittelalter hielten manche
Bauern diese Muschelfossilien,
die sie auf ihren Feldern
fanden, für Krallen des Teufels.

Vorderansicht

Haken

Seitenansicht

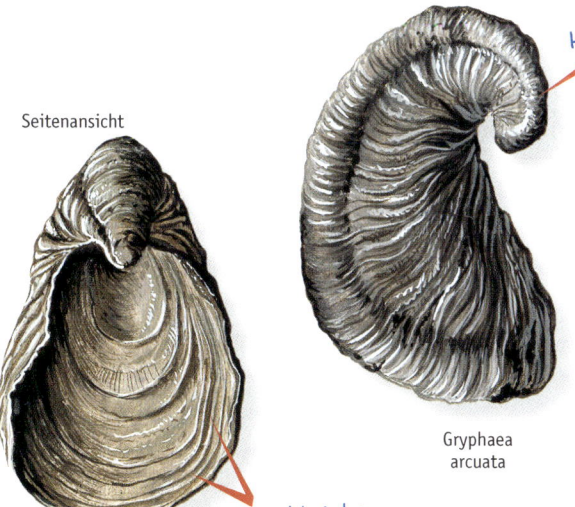

Gryphaea
arcuata

zahlreiche
Wachstumslinien

Gryphaea arcuata

Die *Gryphaea*-Arten lebten
vor ungefähr 190 Milli-
onen Jahren. In manchen
Gegenden blieben sie als
große Ansammlungen in
Kalkstein erhalten.
Ihr besonderes Kenn-
zeichen ist der um die
rechte Klappe gebogene
Haken und die stark nach
innen gewölbte linke
Klappe.
Sie wurde bis zu 8 cm lang.

Schnecken

Diese vor 600 Millionen Jahren erstmals aufgetretenen Tiere sind die einzigen Weichtiere, die sämtliche Lebensräume besiedelten. Man findet sie auf dem Land, in Süßwasser wie in Salzwasser. Typisch für sie ist die spiralig gewundene Schale, das Gehäuse.

Schneckenbegriffe

Als Nabel bezeichnet man bei Schnecken die innerste oder oberste Windung des Gehäuses. Die Mündung oder Mündungsöffnung ist das Loch, durch das die Schnecke Fuß und Kopf steckt.

Turritella turris

Diese Art kommt häufig in Muschelansammlungen aus dem Miozän vor, die man in Ablagerungen an Küsten findet. Das spindelförmige Gehäuse kann bis zu 7 cm lang sein.

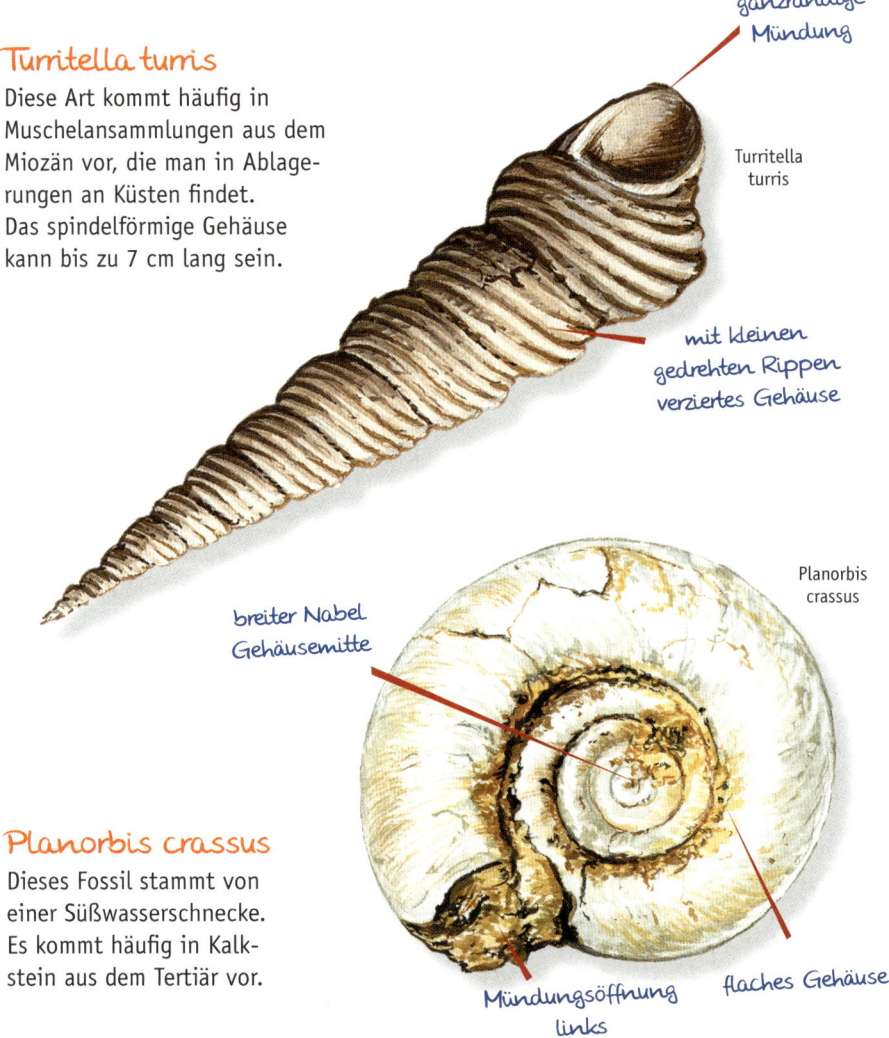

ganzrandige Mündung

Turritella turris

mit kleinen gedrehten Rippen verziertes Gehäuse

breiter Nabel Gehäusemitte

Planorbis crassus

Mündungsöffnung links

flaches Gehäuse

Planorbis crassus

Dieses Fossil stammt von einer Süßwasserschnecke. Es kommt häufig in Kalkstein aus dem Tertiär vor.

● Sedimentgestein der Meere und Seen, das vom Paläozoikum bis heute abgelagert wurde

Limnaea

Diese bis zu 4 cm große Schnecke vertrug sowohl Süßwasser als auch Salzwasser sowie Brackwasser und schwefelhaltiges Wasser. In Ablagerungen von Seen des Tertiärs ist sie sehr häufig.

sehr spitzer Nabel

Limnaea

unterste Windung sehr groß und bauchig

Mündung rechts

Schon gewusst?

Die Schnecken bilden im Tierreich nach den Insekten die größte Gruppe. Wir kennen ungefähr 40 000 heute lebende Arten.

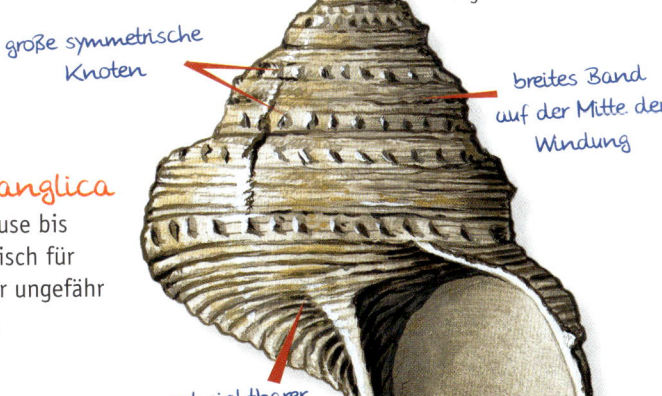

Pleurotomaria anglica

große symmetrische Knoten

breites Band auf der Mitte der Windung

Pleurotomaria anglica

Diese Art, deren Gehäuse bis zu 9 cm misst, ist typisch für den Jura. Sie lebte vor ungefähr 190 Millionen Jahren.

gut sichtbarer Nabel

Ammoniten und Ceratiten

Diese Tiere sind ausgestorbene Vorfahren unserer heutigen Tintenfische und Kraken. Sie konnten von einigen Zentimetern bis zu 2,5 m groß werden. Typische Merkmale sind die spiralige, flache Schale, die durch Trennwände in Kammern aufgeteilt war. Das Tier lebte in der letzten Kammer, die es durch einen Schalendeckel verschließen konnte.

Ursprung des Namens

Die Menschen des Altertums erinnerte die Form der Schale an die Hörner eines Widders. Da es einen ägyptischen Gott mit einem Widderkopf gab, der Ammon hieß, nannte man die Fossilien Ammoniten.

Hildoceras bifrons

Diese sehr verbreitete Art erkennt man leicht an ihrem hervortretenden Kiel. Die Bauchrille in der Mitte der Spirale grenzt eine äußere, stark gekerbte Zone von einer inneren, schwach gekerbten oder glatten ab.
Diese Art, die 20 cm Durchmesser erreichen konnte, ist typisch für 180 Millionen Jahre alte Gesteine.

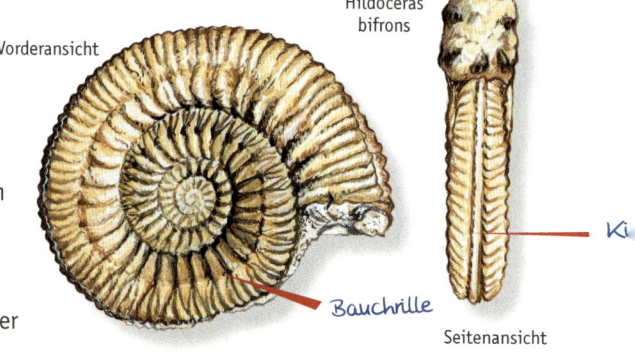

Hildoceras
bifrons

Vorderansicht

Ki

Bauchrille

Seitenansicht

Amaltheus margaritatus

Diese Art mit einem Durchmesser von 7 bis 8 cm ist typisch für Gesteine, die 190 bis 185 Millionen von Jahren alt sind.

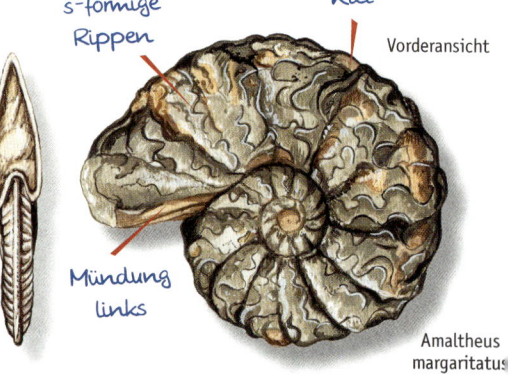

s-förmige
Rippen

Kiel

Seitenansicht

Vorderansicht

Mündung
links

Amaltheus
margaritatus

• marines Sedimentgestein aus dem Mesozoikum

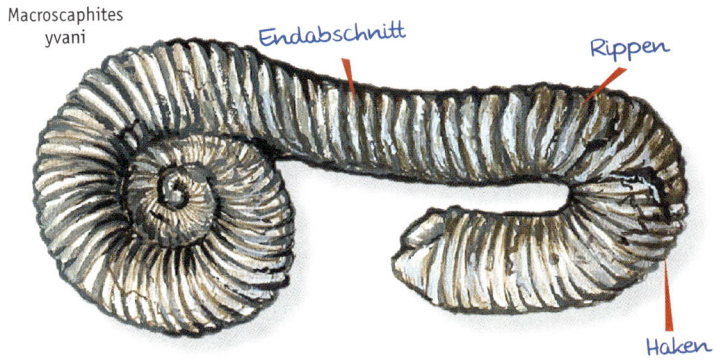

Macroscaphites yvani

Endabschnitt

Rippen

Haken

Fleischfresser

Ammoniten waren fleischfressende Tiere. An der Form der Schale kann man sehr aktive Jäger erkennen (Schalen mit ovalem Profil) oder eher langsame, aber ebenfalls räuberisch lebende Tiere (Schale mit eher rechteckigem Profil). Man nimmt an, dass sich schnelle Jäger waagrecht bewegten, langsamere eher senkrecht.

Macroscaphites yvani

Ammoniten dieser Art erreichten eine Länge von bis zu 12 cm und sind typisch für ungefähr 115 Millionen Jahre altes Gestein. Sie haben gerade, ausgeprägte und sehr zahlreiche Rippen. Ihr schneckenförmiger Körper geht in einen geraden Abschnitt über, der am Ende hakenförmig gebogen ist.

vorstehende Lobenlinien und wenige ausgeprägte Rippen

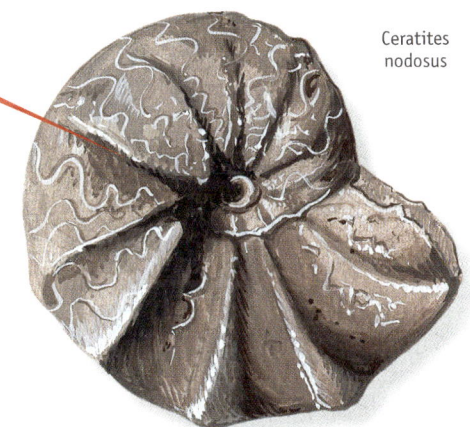

Ceratites nodosus

Ceratiten

Ceratiten gehören derselben Gruppe wie die Ammoniten an, sind aber primitiver. Sie lebten vor 230 Millionen Jahren in den Weltmeeren.

Zeitgenossen der Dinosaurier

Alle Tiere verschwanden gleichzeitig mit den Dinosauriern gegen Ende des Mesozoikums. Heute stellen sie wichtige Anhaltspunkte für die Datierung von Gesteinen dar.

Perlboote

Diese Tiere waren in den Meeren des Paläozoikums bedeutende Jäger. Weil die heute noch lebenden Perlboote gut erforscht werden konnten, wissen wir verhältnismäßig viel über sie. Ihre je nach Art gerade, gewundene oder spiralige Schale ist gewöhnlich glatt und in Kammern aufgeteilt. Das Tier lebte in der jeweils letzten Kammer und produzierte im Laufe seines Wachstums ständig neue.

Weltrekord

Das größte fossile Perl- boot aller Zeiten wurde *Cameroceras* genannt und war 11 m lang. Es lebte im Ordovizium, vor 485 bis 458 Millionen Jahren.

Ascoceras bohemicum

Ascoceras bohemicum lebte vor 443 bis 416 Millionen Jahren im Silur. Der Durch- messer dieser Art betrug bis zu 3 cm.

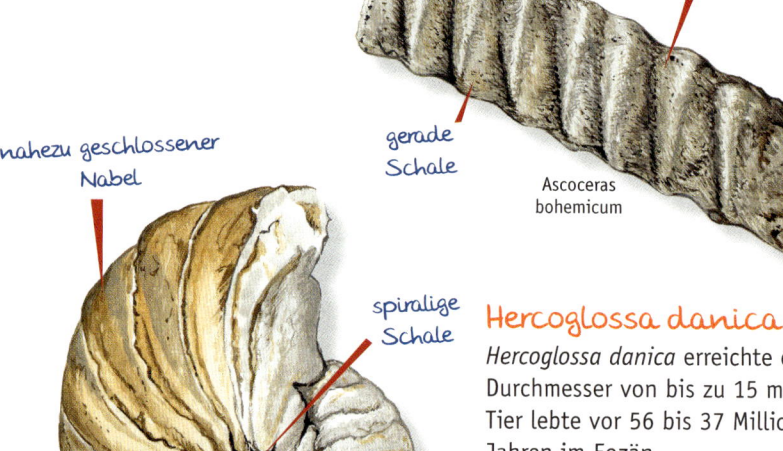

starke
Wülste

nahezu geschlossener
Nabel

gerade
Schale

Ascoceras
bohemicum

spiralige
Schale

Hercoglossa
danica

gerundete Form

Hercoglossa danica

Hercoglossa danica erreichte einen Durchmesser von bis zu 15 m. Das Tier lebte vor 56 bis 37 Millionen Jahren im Eozän.

Das »moderne« Perlboot

Es lebt im Pazifischen und Indischen Ozean in tieferen Gewässern in Küsten- nähe. Es ist nachtaktiv und bewegt sich, indem es mit dem Körper Wasser aufnimmt und dann wieder ausstößt.

• marines Sedimentgestein, das vom Paläozoikum bis heute abgelagert wurde

Belemniten

Belemniten waren fleischfressende Tiere, die Ende des Mesozoikums ausstarben. Ihr fossiles Skelett, das Rostrum, sieht wie eine Patrone oder wie das Käppchen eines Füllers aus. Sie sind mit den heutigen Tintenfischen verwandt.

Steinspeere

Der Name Belemnit kommt vom griechischen *belemnos*, »Speer«. Das lang gezogene, speerartige Rostrum wurde im Mittelalter für einen versteinerten Hexenfinger gehalten.

Hibolites hastatus

Hibolites hastatus lebte im Jura, vor 167 bis 155 Millionen Jahren.
Diese Fossilien, die bis zu 25 cm lang sind, haben die Form einer Lanzette.

zentrale Rille

spitzes Ende

stark ausgeprägte Seitenlinien

Hibolites hastatus

Duvalia dilatata

Diese Art weist einen mehr oder weniger abgeflachten ovalen Teil auf und besitzt nur eine einzige, sehr kurze Rille. Sie wurde bis zu 9 cm lang und lebte in der Kreidezeit, vor 140 bis 135 Millionen Jahren.

Duvalia dilatata

Seeigel

Seeigel besitzen ein gegliedertes Skelett aus eng miteinander verbundenen Kalkplatten. Die Tiere sind außen von schützenden Stacheln umgeben. Auch diese versteinerten, lösten sich aber vom Skelett. Die ersten Seeigel traten vor über 600 Millionen Jahren auf.

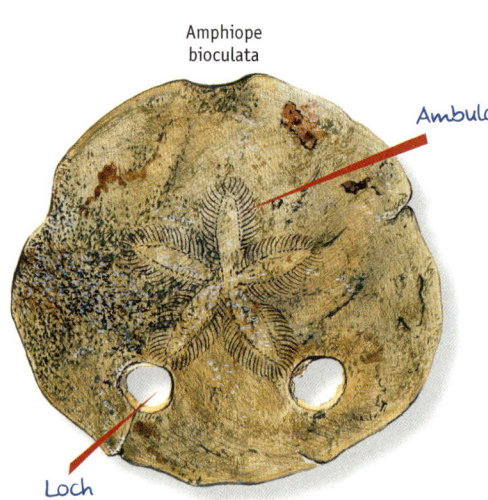

Amphiope bioculata

Ambulacrum

Loch

Amphiope bioculata

Amphiope bioculata lebte im Miozän, vor ungefähr 15 Millionen Jahren. Man erkennt die Art an der flachen Form und den beiden Löchern (Bereich der kleinen, mit Saugnäpfen ausgestatteten Füßchen).

Auf der Oberseite fällt ein blütenartiger Umriss auf.

Englisches Märchen

In England nannte man *Micraster coranguinum* früher »Feenbrot«. Wer es im Haus aufbewahrte, litt angeblich nie Mangel an Brot.

Micraster coranguinum

Dieser Seeigel mit einem Durchmesser von höchstens 10 cm hat die Form eines Herzens. Besonderes Kennzeichen ist die Einkerbung auf der Vorderseite.
Dieses Fossil ist typisch für etwa 90 Millionen Jahre alte Gesteine der Oberen Kreide.

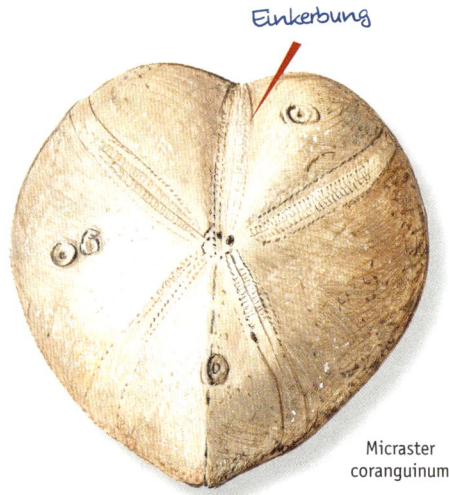

Einkerbung

Micraster coranguinum

● marines Sedimentgestein, das vom Paläozoikum bis heute abgelagert wurde

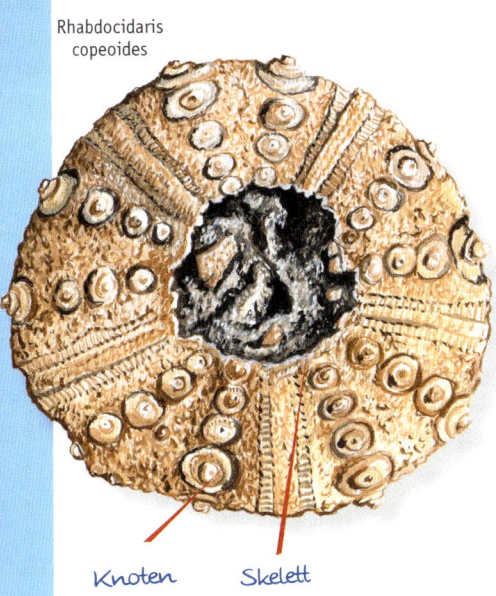

Rhabdocidaris
copeoides

Rhabdocidaris copeoides

Das runde Skelett konnte einen Durchmesser von 8 cm erreichen. Druck-
knopfähnliche Knoten verlaufen in
senkrechten Reihen zur Mitte hin.
Er lebte vor 171 bis 161 Millionen
Jahren in den Meeren des Juras.

Die Stacheln dieses
Seeigels waren bis zu
12 cm lang.

Knoten   Skelett

Meeresbewohner

Seeigel trifft man in allen Meeren an,
in Küstennähe ebenso wie in großer
Tiefe. Sie besiedeln Felsen, Seegras-
wiesen und schlammigen Grund.

Clypeaster scillae

Diese Art kommt in großen
Mengen in Gestein aus dem
Miozän vor, das ungefähr
20 Millionen Jahre alt ist.
Diese großen, fünfeckigen
Sceigel wurden bis zu 20 cm
lang, 17 cm breit und 9,5 cm
hoch. Die Oberfläche ist rau,
mit gut erkennbaren »Blüten-
blättern«.

»Blütenblätter«

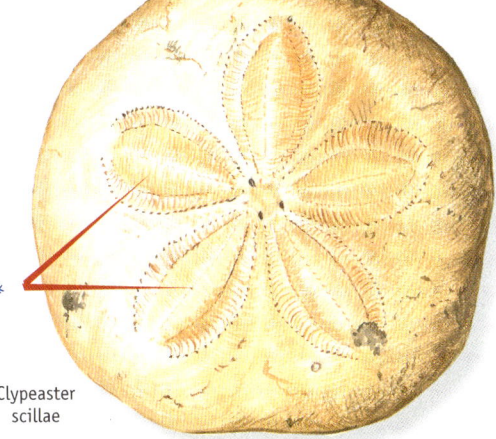

Clypeaster
scillae

Schlangensterne und Seelilien

Diese Lebewesen gehören demselben Stamm wie die Seeigel an: Sie alle sind Stachelhäuter. Seelilien sind mit einem Stiel am Meeresboden verankert. Am oberen Ende des Stiels sitzt der Kelch mit fünf Armen. Schlangensterne sind mit den Seesternen verwandt, besitzen aber schlankere Arme und eine deutlich abgesetzte Zentralscheibe. Manche Schlangensterne konnten 17 m lang werden!

Pentacrinus tuberculatus

Der Stiel dieser Seelilie hat einen Durchmesser von 1,3 cm und besteht aus fünfeckigen Gliedern, Trochiten genannt. Auf jedem Glied kannst du fünf »Blütenblätter« erkennen.
Pentacrinus tuberculatus lebte vor ungefähr 190 Millionen von Jahren in den Meeren des Juras.

»Blütenblätter«

Pentacrinus tuberculatus

lange, biegsame Arme

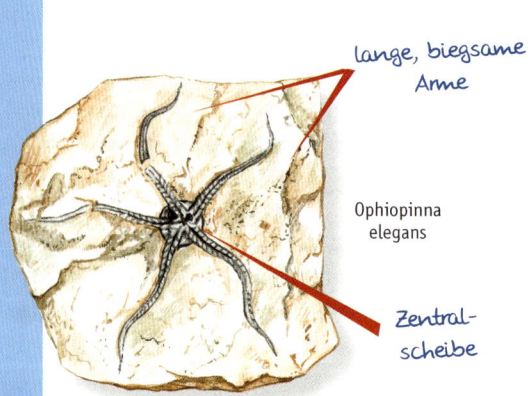

Ophiopinna elegans

Zentral- scheibe

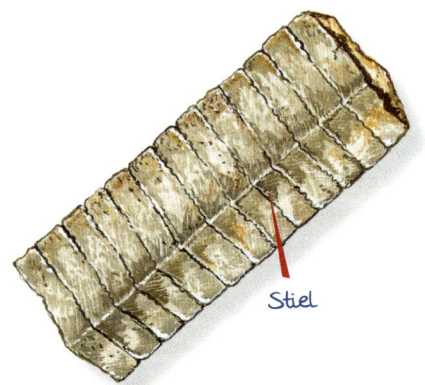

Stiel

Ophiopinna elegans

Obwohl diese Tiere auf dem Grund der Meere dicke Schichten bildeten, sind sie als Fossilien eher selten.
Abgerissene Arme konnten nachwachsen. Diese Art lebte vor 160 Millionen Jahren in den Meeren des Juras.

Ein Schmuckstück

Trochiten werden nicht nur von Fossilienfans gesammelt, sondern auch zu Schmuck verarbeitet – und dies schon seit der Steinzeit.

• überwiegend marines Sedimentgestein des Mesozoikums

Insekten

Der Körper der Insekten ist in drei Teile gegliedert: Kopf, Thorax (Brust und Rücken) und Hinterleib. Sie besitzen sechs Beine, vier Flügel und zwei Fühler. Wissenschaftler beschrieben bisher knapp eine Million Arten. Damit stellen Insekten zwei Drittel der bekannten Tierarten – doch es könnte auch 30 Millionen von ihnen geben! Insektenfossilien sind selten, einige von ihnen sind 400 Millionen Jahre alt.

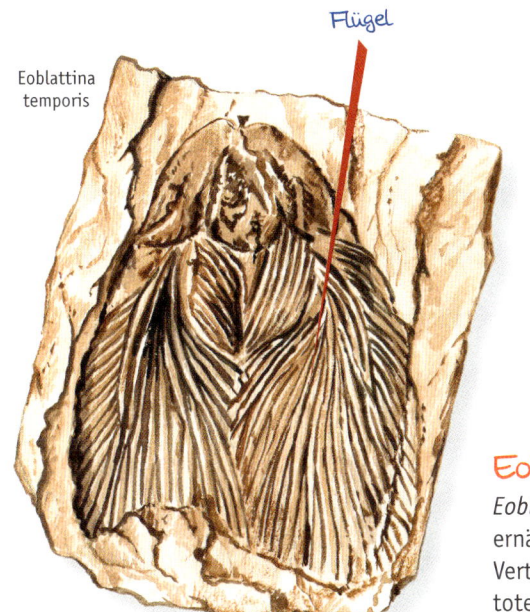

Flügel

Eoblattina temporis

Schon gewusst?

Insekten eroberten als erste Tiere die Luft. Nach ihnen wagten es die Pterosaurier, die Vögel und die Fledermäuse – in dieser Reihenfolge. Der Letzte, der die Luft für sich entdeckte, war der Mensch. Allerdings musste er dazu zuerst Heißluftballons und Flugzeuge entwickeln.

Eoblattina temporis

Eoblattina war eine Schabe und ernährte sich ebenso wie heutige Vertreter dieser Ordnung von toten Tieren und Pflanzen.

Meganeura monyi

Diese Riesenlibelle ist eines der größten Insekten, die je auf der Erde lebten. Ihre Spannweite betrug 70 cm. Sie lebte vor 380 bis 350 Millionen Jahren in den heißen Wäldern des Karbons und jagte kleine Amphibien und Insekten.

Meganeura monyi

Trilobiten

Trilobiten sind sehr entfernt verwandt mit heutigen Pfeilschwanzkrebsen. Sie waren in den Meeren des Paläozoikums stark verbreitet, verschwanden aber gegen Ende dieses Zeitalters. Ihren Namen verdanken sie ihrem dreilappig gegliederten Körper.

Außergewöhnliches Exemplar

Der größte bisher gefundene Trilobit ist 72 cm lang. Er wurde in der Hudson Bay in Kanada entdeckt.

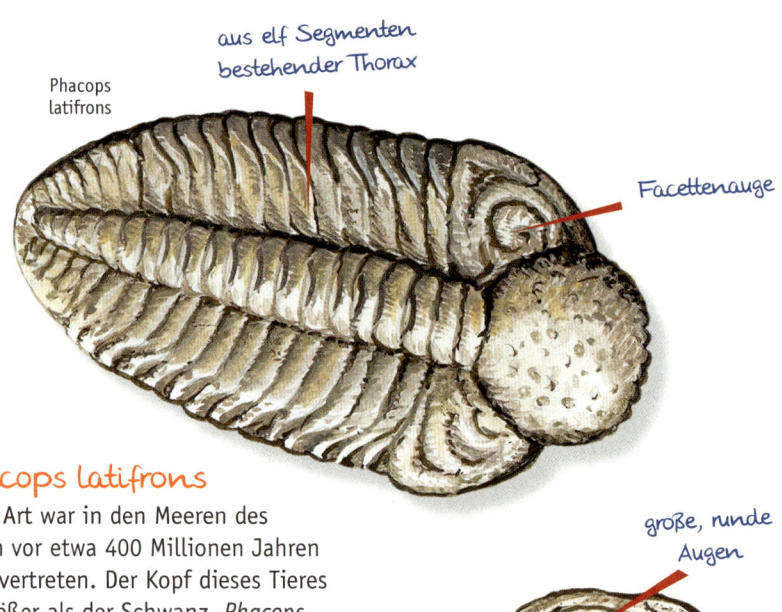

Phacops latifrons

aus elf Segmenten bestehender Thorax

Facettenauge

Phacops latifrons

Diese Art war in den Meeren des Devon vor etwa 400 Millionen Jahren stark vertreten. Der Kopf dieses Tieres ist größer als der Schwanz. *Phacops latifrons* war bis zu 6,5 cm lang.

Calymene blumenbachii

Calymene lebte vor 440 bis 360 Millionen Jahren in den Meeren des Silurs und Devon.

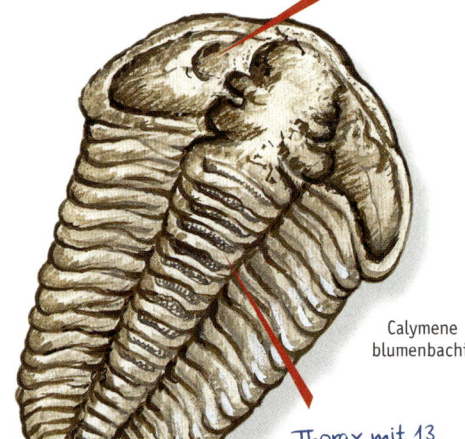

große, runde Augen

Calymene blumenbachii

Schwanz mit sechs Segmenten

Thorax mit 13 Segmenten

- in marinem Sedimentgestein des Paläozoikums
- Rheinisches Schiefergebirge, Frankenwald, Harz, Thüringer Wald, Lausitz

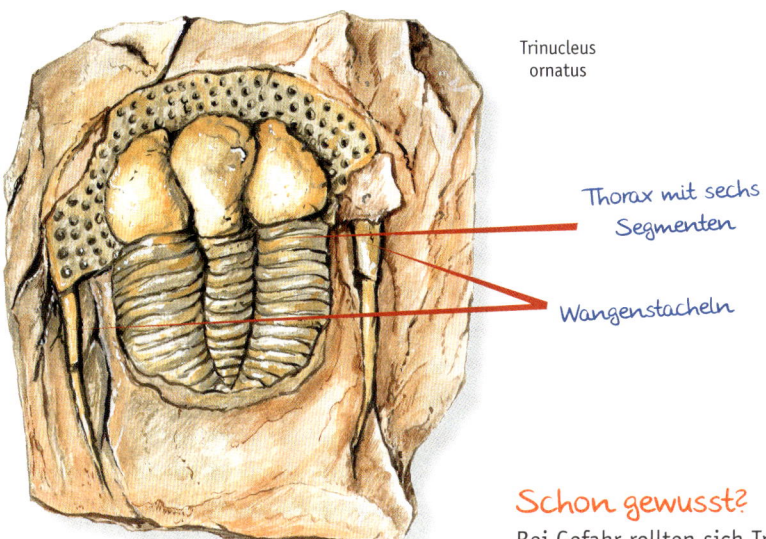

Thorax mit sechs
Segmenten

Wangenstacheln

Trinucleus ornatus

Diese Art ist leicht zu erkennen: Der
Kopf ist wie von einem Kragen aus
Spitze umgeben und trägt zwei Fühler,
die länger als der Körper sind.
Trinucleus ornatus wurde 2,5 bis 3 cm
lang. Er lebte vor 488 bis 443 Millionen
Jahren in den Meeren des Ordoviziums.

Schon gewusst?

Bei Gefahr rollten sich Trilobiten
ein – genau wie die Asseln es
heute noch tun, wenn sie sich
bedroht fühlen.

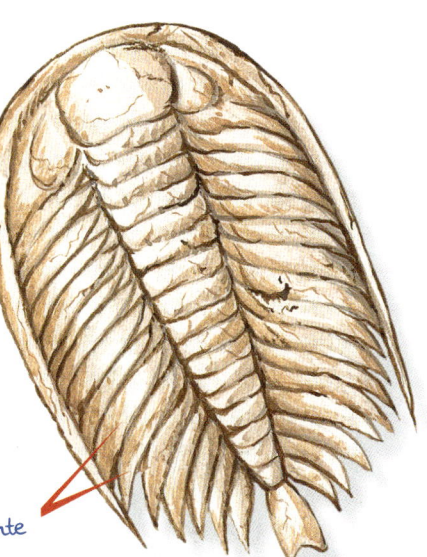

Paradoxides brachyrachis

Typisch für diese Art sind der wenig
entwickelte Schwanz und die sehr
dicken Segmente des Thorax. Das bis
zu 30 cm lange Tier lebte vor 540 bis
488 Millionen Jahren in den Meeren des
Kambriums.

dicke Segmente

Paradoxides
brachyrachis

Fische und Schildkröten

Es ist wenig wahrscheinlich, dass man fossile Fischskelette entdeckt. Dafür kann man mit etwas Glück in Meeresablagerungen versteinerte Haizähne finden. Diese sehr primitiven Tiere traten erstmals vor ungefähr 430 Millionen Jahren auf.

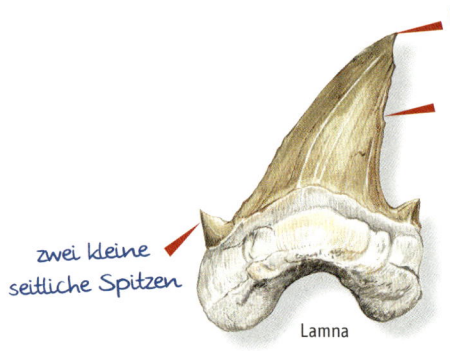

Hauptspitze

nicht gezähnte Schneide

zwei kleine seitliche Spitzen

Lamna

Lamna

Du findest *Lamna* in Gestein, das jünger als 65 Millionen Jahre ist. Das Skelett der Haie besteht aus Knorpeln. Aus diesem Grund sind nur wenige Skelette erhalten. Man findet eher einzelne Zähne.

Sauerstoffmangel

In manchen Schichten findet man reichlich übereinanderliegende Fischfossilien. Es handelt sich vermutlich um Tiere, die in Dürreperioden in Massen starben, weil das Wasser dann zu wenig Sauerstoff enthielt.

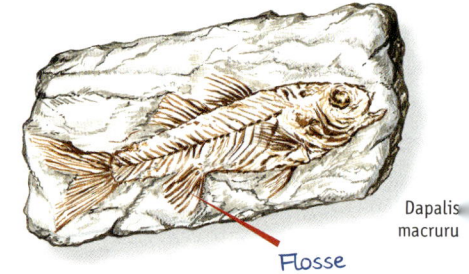

Dapalis macruru

Flosse

Dapalis macrurus

Ein außergewöhnlicher Fund: Diese Süßwasserart, die bis zu 25 cm lang wurde, lebte während des Oligozäns vor 38 bis 25 Millionen Jahren im Süden Frankreichs.

Trionyx-Panzer

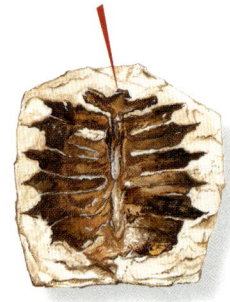

Trionyx-Schuppen

Trionyx war eine Wasserschildkröte. In alten Flussbetten oder auf dem Boden ehemaliger Seen kannst du einzelne Schuppen ihres Panzers finden. Du erkennst sie am charakteristischen Muster, einem Netz von gewellten Rippen und Rillen.

- Fische: marines Sedimentgestein, das vom Paläozoikum bis heute abgelagert wurde
- Schildkröten: Sedimentgestein, das vom Mesozoikum bis heute abgelagert wurde

Säugetiere und Dinosaurier

Fossilien von Säugetieren kommen vor allem in Gestein aus dem Känozoikum vor, obgleich sie erstmals in der Trias vor 240 Millionen Jahren auftraten. Von den größten Arten findet man überwiegend nur die Zähne.

Knochensammler

Nach Knochen solltest du in Ablagerungen alter Flüsse suchen. In Sandsteinablagerungen findet man sie verhältnismäßig häufig.

Gomphotherium angustidens

Gomphotherium ist ein Vertreter der Mastodonten, die entfernt mit den Elefanten verwandt sind. Das aus Afrika stammende Tier wanderte nach Europa ein.

Backenzahn von Gomphotherium angustidens

Du findest diese Zähne in Gestein, das 17 bis 10 Millionen Jahre alt ist.

Zahn von Mammuthus primigenius

Dinosauriereier

Dinosaurier gebaren keine lebenden Jungen, sondern legten Eier. In ungefähr 80 Millionen Jahre altem Gestein kannst du fossile Stücke von Schalen und vielleicht sogar ein Ei finden.

Mammuthus primigenius

Mammutzähne findest du in jüngerem Gestein in Flusstälern. Die großen Zähne bestehen aus Reihen zusammengepresster Schneiden.

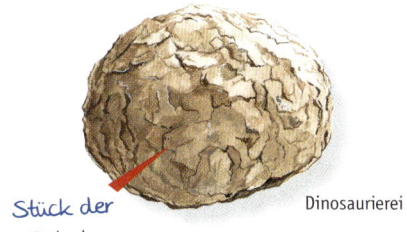

Stück der Schale

Dinosaurierei

- Säugetiere: vor allem im kontinentalen Gestein des Känozoikums
- Dinosaurier: ausschließlich im kontinentalen Gestein des Mesozoikums

Register

cbj ist der Kinder- und Jugendbuchverlag
in der Verlagsgruppe Random House

FSC
www.fsc.org
MIX
Aus verantwortungs-
vollen Quellen
FSC® C015529

Verlagsgruppe Random House FSC-DEU-0100
Das für dieses Buch verwendete FSC®-zertifizierte
Papier *Furioso* liefert Sappi, Biberist, Schweiz.

Gesetzt nach den Regeln der Rechtschreibreform

1. Auflage 2011
© 2011 cbj Verlag, München
Alle deutschsprachigen Rechte vorbehalten
© 2009 Éditions Milan
Die französische Originalausgabe erschien 2009 unter dem Titel
»Mes guides nature. Minéraux, roches et fossiles«
bei Éditions Milan – 300, rue Léon-Joulin,
31101 Toulouse Cedex 9, France.
Übersetzung: Cornelia Panzacchi
Lektorat: Kerstin Weber
Umschlagkonzeption: init.büro für gestaltung, Bielefeld
Umschlagabbildung: Gettyimages/RF
(Eloy Gomez Photography, J.A. Steadman)
Innenillustrationen: Anne Eydoux
SaS · Herstellung: Antonia Gohl
Satz: Buch-Werkstatt GmbH, Bad Aibling
Reproduktion: Wahl Media GmbH, München
Druck: G.Canale & C. S.p.A.,
Borgaro Torinese
ISBN 978-3-570-15261-4

Printed in Germany

www.cbj-verlag.de